DISCOURS

PRONONCÉ

le Vendredi 28 Septembre 1888

AU

CERCLE RÉVISIONNISTE DE MARSEILLE

PAR

M. Alfred NAQUET

Sénateur de Vaucluse

IMPRIMERIE GROS
ADMINISTRATIVE COMMERCIALE, BREVETÉE
18, Rue Victor Hugo, Avignon

1888

DISCOURS

PRONONCÉ LE VENDREDI 28 SEPTEMBRE 1888

AU

CERCLE RÉVISIONNISTE DE MARSEILLE

PAR

M. Alfred NAQUET, sénateur

Le Général Boulanger
La Revision — La République

MESSIEURS,

Ce n'est pas d'aujourd'hui que je combats la Constitution néfaste de 1875, vous le savez, vous qui m'avez vu plaider la cause de la revision depuis 1875 même.

Vous vous rappelez que, à la suite de Gambetta, ainsi que Louis Blanc, Madier de Montjau, et tous les autres républicains de l'Assemblée Nationale, j'avais voté la Constitution. Mais je n'avais vu dans ce vote qu'un expédient pour arriver à la dissolution de l'Assemblée et pour rendre la parole au pays qu'alors comme aujourd'hui on privait du droit de faire connaître sa volonté.

Je l'avais votée avec la conviction que la France enverrait une Chambre ardemment républicaine, et persuadé que, maîtres du Pouvoir, nous nous hâterions de profiter de la clause de revision contenue dans l'œuvre de M. Wallon ; que nous renverserions cette œuvre orléaniste pour lui substituer un organisme foncièrement démocratique.

Quand je vis que, à l'encontre de ces espérances, Gambetta considérait la Constitution comme définitive, et désignait le Sénat sous le nom de *Grand Conseil des communes de France*, je me séparai de lui. C'est alors, à la veille des élections générales, que vous me vîtes pour la première fois faire ici même une campagne ardente et passionnée contre les institutions qui nous régissent.

Et, détail piquant à noter ! Les mêmes opportunistes qui me traitent de bonapartiste et de césarien à cette heure, sous le prétexte que je marche à côté d'un homme qui veut ce que je veux et qui s'appelle le général Boulanger, les mêmes opportunistes me traitaient alors de bonapartiste et d'ennemi de la République, sous le prétexte que je refusais de m'inféoder à un autre homme qui, lui, ne poursuivait pas le même but que moi.

Si bien que deux fois je reçois les mêmes injures pour des faits opposés.

Je les entends encore, en 1875, s'écriant :
« Vous vous séparez de Gambetta, du grand patriote qui sauve la France. Voyez quels sont vos alliés ! *La Gazette de France* vous soutient et vous écrivez dans l'*Evénement*, journal de M. Magnier, de M. Magnier qui a été jadis le secrétaire de M. Levert ! Vos attaches anti-républicaines sont évidentes. »

Changez deux mots dans cette phrase, au au lieu de : « vous vous séparez de Gambetta », mettez : « vous vous rapprochez de Boulanger », le reste du cliché peut rester le même, sauf à remplacer M. Magnier, devenu depuis un républicain bon teint aux yeux des radicaux et des opportunistes, par M. Thiébaud ou par M. Lenglé.

Je n'ai pas été ému, ni vous non plus, des attaques de 1875. Je ne le suis pas davantage de celles de 1888, mais il était peut-être bon de les rappeler pour montrer que la bataille n'est pas engagée d'aujourd'hui, et que ceux qui me prêtent de la versatilité dans les idées connaissent mal leur histoire. Ce n'est pas en tous cas parmi vous que M. Camille Pelletan, disciple fidèle de Gambetta à l'époque dont je parle, et qui me combattait alors comme il me combat aujourd'hui, serait bien venu à faire de l'esprit sur mes prétendues variations.

Et remarquez bien que je ne me suis pas borné à cette campagne de 1875.

En 1879, au cours de ma tournée en faveur du divorce, et le soir même où j'avais fait à Nîmes ma conférence sur ce sujet, je développai à la loge maçonnique, mes idées contre le Parlementarisme.

En 1881, lorsque Gambetta, converti en apparence à la revision par le refus du Sénat de voter le scrutin de liste, mais ne voulant reviser en fait que superficiellement, proposa à la Chambre son projet de revision limitée, je déposai un amendement qui renfermait tous les principes que je défends encore à cette heure sur la Constitution de la République.

En 1882, je défendis ces idées dans le *Voltaire*, que je dus quitter en 1884, lorsqu'il ne voulut plus me permettre de les y soutenir.

En 1883, je fis imprimer et distribuer gratuitement, à la Chambre et au Sénat, une brochure aujourd'hui épuisée, dont le titre était : *Questions Constitutionnelles* et dans laquelle j'exposais tout au long la critique du Parlementarisme et la défense d'un régime démocratique imité de celui de la Suisse ou de celui des Etats-Unis.

En 1884 je protestai au Congrès de Versailles contre une revision à laquelle son auteur lui-même, M. J. Ferry, avait accolé l'épithète de « décapitée, » et qui ne devait avoir d'autre résultat que de faire consacrer par le parti républicain une œuvre constitutionnelle désastreuse dont, jusques-là, la responsabilité incombait aux orléanistes.

En 1886 j'ai mené pendant un an une campagne suivie contre le Parlementarisme dans le journal l'*Estafette*. En décembre 1886 et janvier 1887 j'ai fait paraître sur le même sujet dans la *Revue Bleue* quatre articles de doctrine qui ont eu un certain retentissement.

Enfin, ajoutez des conférences à Avignon et dans plusieurs loges parisiennes, et vous aurez le bilan de mes efforts révisionnistes depuis treize ans.

Est-il surprenant, lorsque tous ces efforts personnels sont demeurés frappés d'impuissance, que quand j'ai vu se fonder le Parti Républicain National, ce grand parti qui défend avec succès des idées qui, depuis si longtemps, sont les miennes, est-il surprenant, dis-je, que je me sois donné à lui tout entier avec l'entrain que vous m'avez toujours connu pour la poursuite de ce que je crois être la vérité ?

Le Parlementarisme

MESSIEURS,

Je crois que la Constitution de 1875 est un danger de mort pour la République et pour la Patrie française elle-même. Je vais m'efforcer de vous démontrer qu'il en est ainsi, mais je veux d'abord aller au devant d'une objection que je rencontre quelquefois.

Vous êtes, pour la plupart, des travailleurs absorbés par vos professions respectives, par l'obligation de songer à vos familles ; vous ne pouvez pas comme nous, à qui notre mandat en impose le devoir, méditer à fond sur les Constitutions et connaître dans toutes ses finesses le langage employé en cette matière ; vous n'en avez pas le temps.

Lorsque le général Boulanger proclame, lorsque je proclame moi-même, que nous ne voulons plus du Parlementarisme, plusieurs d'entre vous s'effraient et se disent :

« Plus de Parlementarisme ! qu'est-ce que cela signifie ? Cela signifierait-il qu'on ne veut plus de Parlement ? Mais alors c'est le Pouvoir personnel que l'on cherche à ressusciter ! »

Rassurez-vous, messieurs ! Détruire le Parlementarisme n'est pas supprimer le Parlement. Dans tous les pays où règne le régime représentatif, et il règne dans toutes les Républiques, il y a des Chambres, un Parlement; et cependant tous ces pays n'ont pas le régime parlementaire.

C'est qu'en effet *Parlementarisme* est un mot qui désigne une forme particulière, spéciale, du régime représentatif — la forme imaginée par les anglais et importée chez nous d'Angleterre, — mais qui ne désigne nullement le régime représentatif lui-même. La Suisse, l'Amérique ne sont pas des Républiques parlementaires. Et cependant l'une et l'autre ont un Parlement tout aussi puissant et plus indépendant que le nôtre, parce que les ministres ne pèsent jamais sur sa volonté.

En quoi consiste donc le Parlementarisme ? Le Parlementarisme est une forme plus particulièrement imaginée à l'usage des monarchies constitutionnelles. Dans toute Constitution parlementaire il y a, d'un côté, un chef du Pouvoir exécutif, de l'autre un Parlement composé d'une ou de deux Chambres, et, entre ces deux Pouvoirs, le Ministère à cheval sur les deux.

Le chef du Pouvoir exécutif, président de république ou monarque, préside ou règne mais ne gouverne pas.

A part le cas où, croyant la Chambre en désaccord avec le pays, il prononce la dissolution de cette Assemblée, — chez nous avec l'assentiment du Sénat, — à part ce cas, son rôle est absolument effacé. Il peut voyager, prononcer des discours lorsqu'il est orateur, recevoir les ambassadeurs des puissances ; mais là se borne à peu près sa fonction.

Il nomme il est vrai les ministres ; mais la Chambre des députés les renverse et, à moins qu'il ne prononce la dissolution, il est tenu, quand son ministère est renversé, de choisir ses nouveaux ministres dans la majorité qui a renversé les anciens.

Permettez-moi d'ajouter en passant que ce devoir n'est pas toujours d'un accomplissement facile, que la règle est même impraticable lorsque, comme c'est presque toujours le cas, les majorités qui se constituent contre le cabinet sont des majorités de coalition.

La prérogative présidentielle n'est mise en jeu que lorsque le ministère est vacant. Jusques là le président ne doit avoir aucune idée qui soit à lui, aucune vue qui lui soit propre. C'est le ministère seul qui gouverne, et le président devra apposer sa signature sur un décret modéré aujourd'hui, sur un décret radical demain, au gré des ministères qui se succéderont.

En face de ce chef du Pouvoir exécutif sans puissance et partant sans responsabilité — la loi le déclare irresponsable sauf le cas de haute trahison, — se place le Parlement.

Chez nous, celui-ci est composé de deux Chambres : la Chambre des députés et le Sénat.

Ces Assemblées incarnent en elles la puissance législative. C'est elles qui sont chargées d'élaborer et d'édicter les lois.

En outre, l'une d'elles, le Sénat, décide, dans le cas où le président — c'est-à-dire le ministère — le propose, s'il y a lieu ou non de dissoudre la Chambre des députés.

Il possède aussi des attributions judiciaires,

en cas de mise en accusation du président de la République, des ministres ou d'autres citoyens coupables de crimes d'Etat, il peut être érigé en haute cour de justice.

La Chambre des députés cumule avec le Pouvoir législatif le droit de mettre en accusation le Président de la République et les ministres ; comme conséquence de ce droit, elle a le pouvoir de renverser les ministères ; elle joint à ses fonctions législatives des fonctions politiques : elle a le contrôle suprême du Gouvernement.

Quant au ministère formé d'un président du Conseil et de 9 ou 10 simples ministres — on en augmente ou on en diminue le nombre selon les inspirations du président du Conseil. — L'usage a prévalu d'en prendre les membres parmi les Députés ou les Sénateurs, sauf quelques rares exceptions.

Ces ministres ne peuvent conserver le pouvoir que s'ils ont l'assentiment de la Chambre des députés sur tout ce qu'ils font. Il suffit qu'une voix de majorité se prononce contre eux dans une interpellation générale pour qu'ils soient contraints de se retirer, à moins, qu'appuyés par le Sénat, ils ne recourent à la ressource suprême de la dissolution.

Et non seulement ils sont forcés de se retirer devant une interpellation victorieuse de leurs adversaires, mais encore devant le plus petit dissentiment d'ordre législatif intervenu entre la Chambre et eux.

Car il est bon de noter que le ministère a l'initiative des lois comme les membres de la Chambre, et qu'il intervient dans toutes les questions législatives. Le plus souvent, pour peu qu'il s'agisse de quelque chose d'important, il met la Chambre en demeure d'opter entre l'acceptation de ses idées ou sa démission. C'est ce qu'on appelle « poser la question de confiance ». S'il est battu il doit alors se retirer.

Quelquefois, le sujet apparent de la lutte est d'une absolue insignifiance. Ainsi en 1880, M. Ferry fut renversé parce qu'il désirait voir la Chambre discuter la loi sur l'instruction publique avant celle qui allait réformer l'organisation judiciaire, tandis que la Chambre préféra commencer par la réforme de la magistrature et faire passer au second rang la loi sur l'enseignement primaire.

Vices du Système

Voilà, messieurs, l'organisme compliqué, bizarre, que l'on nomme Parlementarisme, et que personne probablement n'aurait inventé s'il ne s'était créé peu à peu, de pièces et de morceaux en Angleterre, par les conquêtes successives du pouvoir populaire sur le pouvoir royal, mais du pouvoir populaire respectant toujours la tradition et se refusant à faire, comme chez nous, table rase.

Ce régime présente de graves inconvénients qui commencent à se manifester même dans sa patrie d'origine, l'Angleterre, depuis que les Anglais ont élargi le droit de suffrage, depuis que la Grande-Bretagne n'est plus une pure aristocratie.

Chez nous, avec le suffrage universel, ces inconvénients prennent un tel développement, qu'on peut, sans crainte, déclarer le Parlementarisme incompatible avec la démocratie républicaine.

La base du système parlementaire c'est qu'il doit exister dans le pays deux grands partis se disputant le pouvoir et parfaitement disciplinés. Quand l'un deux a la majorité, le chef du Pouvoir exécutif choisit le cabinet dans son sein, et celui-ci, reconnu pour chef par le parti tout entier, règne en maître appuyé par sa majorité fidèle et inébranlable.

Mais dès qu'il y a dans un pays trois partis au lieu de deux, de manière à permettre les coalitions, le jeu du Parlementarisme devient impossible.

C'est le cas chez nous avec la Droite, toujours prête à s'allier aux vaincus du jour pour renverser les vainqueurs. C'est déjà le cas dans la

Grande-Bretagne avec le parti Irlandais. Le troisième parti, la Droite, n'existerait d'ailleurs pas, que le système parlementaire n'en serait pas plus susceptible de fonctionner chez nous.

Ce système, je vous l'ai dit, suppose une majorité de gouvernement, une majorité disciplinée, dont tous les membres abdiquent leurs idées entre les mains des ministres, seuls juges de l'opportunité d'une réforme ou de l'utilité d'une loi. Le jour où les membres de la majorité se permettent d'être indépendants, d'avoir des idées à eux, de refuser leurs voix aux ministres si ceux-ci ne pensent pas comme eux, adieu toute majorité gouvernementale ! On ne pourra plus espérer aucune stabilité dans les cabinets ; ceux-ci s'écrouleront les uns sur les autres comme des châteaux de cartes, au grand préjudice du pays.

Or, le suffrage universel ne s'accommode pas de ces abdications de ses représentants devant la volonté ministérielle.

Lorsque vous nommez des députés avec mandat de voter l'impôt sur le revenu, ou le service militaire égal et obligatoire pour tous, vous n'admettez pas — et vous avez raison — qu'une fois élu le député vote contre ces mêmes réformes inscrites dans son programme parce qu'il aura plu au président du Conseil de les combattre. Vous ne voulez pas que les programmes électoraux deviennent de simples programmes de parade destinés à l'oubli dès le lendemain de l'élection.

Et cependant, si vous voulez le respect des programmes avec notre Constitution actuelle, il faut renoncer à avoir un gouvernement stable ; il faut se résigner à des crises continues.

Supposez, en effet, un de vos députés élus sur les questions dont je viens de parler. Il arrive à la Chambre. La question se pose. Tout-à-coup le ministre compétent monte à la tribune et déclare qu'il ne peut accepter la loi proposée, que si cette loi est votée il se retirera.

Que va-t-il faire, votre élu ?

Peut-être est-il en présence d'un cabinet relativement rapproché de lui, d'un cabinet dans lequel il a pleine confiance pour l'administration du pays, quoiqu'il soit en dissidence avec lui sur un point législatif.

Peut-être voit-il clairement une coalition nouée contre le cabinet par des fractions de la Chambre dont il est beaucoup plus éloigné qu'il ne l'est du ministère.

Peut-être se dit-il que, s'il vote le service militaire obligatoire ou l'impôt sur le revenu ainsi qu'il l'a promis, il va faire arriver, à la place des hommes qui détiennent le Pouvoir, d'autres hommes infiniment moins sympathiques à ses idées.

Peut-être se dit-il encore que son vote ne fera pas faire un pas à la question, que celle-ci sera enterrée, dès que leur but sera atteint, par ceux-là même qui l'ont suscitée pour renverser le ministère. Et s'il se dit tout cela quelle sera sa conduite ?

Votera-t-il conformément à ses engagements, à son programme ? Il renversera le cabinet, fera arriver ses adversaires au Pouvoir, et tombera lui-même dans le panneau qui lui est tendu par ses ennemis.

Votera-t-il contre son programme ? Il risquera de n'être pas compris par l'opinion publique, et de concourir au développement, parmi les électeurs, de cette plaie qui s'appelle le manque de confiance et de foi. Les électeurs, en effet, ne pouvant arriver à saisir que manquer à ses promesses puisse être quelquefois un devoir, finissent par se dire que les engagements électoraux sont des farces indignes, que rien de ce qui se débite au cours d'une élection n'est sérieux, et, dégoûtés, ils en arrivent à se réfugier dans l'abstenion lorsqu'ils ne passent pas à l'ennemi.

Que va donc faire votre député dans cette alternative cruelle ?

D'ordinaire il cédera au ministère une fois, deux fois, trois fois, se promettant d'expliquer sa conduite et de se faire amnistier par ses électeurs.

Mais à la quatrième fois il perdra patience, ne pouvant à perpétuité faire le contraire de ce qu'il a promis.

Ses trois premiers votes auront l'effet fâcheux que je viens de vous signaler ; ils désenchanteront les populations, jetteront le désarroi dans leur esprit, et cela, sans même aucune compensation du côté de la stabilité ministérielle, puisque le quatrième vote aura renversé le ministère. Les deux effets qu'il voulait éviter l'un et l'autre se seront produits tous les deux.

En réalité, il n'y a plus d'indépendance ni pour le député toujours placé sous la menace de la question de confiance ; ni pour le ministère, toujours précaire, toujours sous le coup d'une coalition dirigée contre ses jours.

Ce n'est pas tout, messieurs ; le régime parlementaire a l'inconvénient grave de faire tout dégénérer en question de confiance, en questions de personnes.

Vous croyez quelquefois, bonnes âmes que vous êtes, que l'on discute la revision de la Constitution, ou les économies budgétaires, ou l'existence des sous-préfets. Détrompez-vous ! Ce que l'on discute chaque fois c'est le renversement ou le maintien du ministère. Les projets divers que l'on dépose ne sont que des chausses-trapes destinées à faire plus aisément chûter le Cabinet.

Renverser un ministère sur une interpellation est rarement possible. Le nombre des exemples de cabinets renversés par cette méthode est très-restreint. Ici, en effet, chacun doit prendre la responsabilité de son vote et tous ne l'osent pas.

Mais avec une petite question habilement choisie, combien la chose devient plus aisée !

On propose l'abolition des sous-préfectures, je suppose, sachant que M. de Freycinet les défendra.

Tous les ennemis avoués de M. de Freycinet voteront alors la suppression demandée, même s'ils n'en sont pas partisans, parce qu'ils se diront que ce vote de principe ne les engage à rien et qu'ils auront toujours le temps de se déjuger demain.

A eux viendront se joindre tous les adversaires timides heureux d'avoir un prétexte dont ils puissent se couvrir ; les niais honnêtes — il y en a dans les Assemblées législatives comme ailleurs — qui s'imaginent qu'il est véritablement question des sous-préfets et qui votent pour ce qu'ils croient juste ; enfin les députés engagés par leur programme, qui voient le piège mais ne se croient pas le droit de mentir à leurs engagements. Tous ces contingents réunis forment une majorité ; M. de Freycinet tombe ; un autre président du Conseil le remplace ; et, quant aux sous-préfets, on n'en entend plus parler. Si un naïf demande ce que devient la disposition votée, l'attitude de la Chambre lui démontre bien vite que cette disposition était le moindre des soucis de ceux qui l'ont adoptée, et que s'ils l'ont acceptée la veille c'était avec la ferme intention de l'enterrer le lendemain.

C'est là ce qui explique les contradictions apparentes des Chambres.

On voit la Chambre de 1881 renverser Gambetta parce qu'elle veut une revision intégrale tandis que Gambetta la veut limitée.

Puis on voit successivement la même Chambre renoncer à toute revision sous M. de Freycinet et accepter plus tard de M. Ferry une revision beaucoup plus limitée que celle que Gambetta lui avait offerte.

On voit la Chambre de 1885 voter l'urgence de la revision, de la revision intégrale, lorsque M. Tirard s'y oppose ; puis on la voit soit renoncer à toute revision, soit se rallier à je ne sais quel simulacre de revision qui n'est qu'une fausse monnaie révisionniste.

Le public ne comprend pas ces revirements et se décourage.

Il se les expliquerait, sans cesser de se décourager néanmoins, et même en se décourageant plus encore, s'il s'avait qu'il ne s'est jamais agi de la revision ni en 1881, ni en 1884, ni en 1888, mais qu'on s'est borné, à ces diverses dates, à jouer des comédies en vue de renverser ou de maintenir Gambetta, Ferry, Tirard ou Floquet.

Messieurs,

Les Constituants de 1875 semblent avoir pris à plaisir à faire converger à la fois tous les défauts et toutes les nobles qualités des hommes vers un même but détestable, l'instabilité du pouvoir, la permanence des crises.

Je parle des nobles qualités des hommes.

C'en est une que l'obéissance au devoir, à la parole donnée, que la fidélité aux engagements contractés.

Et je viens de vous montrer cependant à quel degré ces qualités chez vos représentants concourent à faciliter l'œuvre des intrigants, qui tablent sur leur honnêté pour s'en faire des complices en vue des crises qu'ils préparent.

Et que ne pourrais-je pas vous dire des citoyens qui ont une idée dont ils poursuivent ardemment et passionnément le triomphe ? Supposons un député dans ce cas. Comment va-t-il s'y prendre pour faire passer son idée dans les faits ?

Usera-t-il de l'initiative parlementaire ?

Mais mon propre exemple prouve qu'il faut au moins dix ans pour obtenir dans ces conditions une loi du Parlement. Encore ai-je dû, pour réussir, trouver un collège électoral qui me permît d'aller défendre au Sénat le projet que j'avais fait voter par la Chambre ; et tout le monde ne trouve pas un collège aussi bien disposé.

Dix ans ! C'est bien long ! On a le temps de mourir, physiquement et surtout électoralement, avant que ce délai soit résolu. Si, au contraire, on disposait de l'influence que donne la possession du pouvoir, si l'on pouvait procéder par projet de loi émané de l'initiative gouvernetale, avoir pour le défendre l'accès des deux Chambres, comme la besogne serait facilitée !

Mais pour cela il faudrait être ministre. Pourquoi pas ? Tant d'autres le sont qui n'ont pas une idée à leur actif. — Et comme ceux qui le sont ont le mauvais goût de ne pas céder la place, il s'agit d'abord de les renverser.

Et voici mon député qui, toujours mû par sa pensée dominante, commence à s'agiter, à nouer des intrigues de couloir, et qui, surtout, se garde bien de déposer aucun projet sur le bureau de la Chambre : il s'aliénerait un certain nombre de ses collègues dont les sympathies lui sont nécessaires. Il se réserve pour le moment où il sera pourvu d'un portefeuille.

Cet heureux moment, ce moment désiré arrive enfin. Le cabinet succombe sous une coalition et notre réformateur est appelé à gérer un département ministériel ;... peut-être même a-t-il la présidence du Conseil.

Va-t-il maintenant déposer le projet de loi pour le succès duquel il a si longtemps convoité le pouvoir ?

Ah ! Messieurs, que ce serait mal connaître les beautés du régime parlementaire que de le croire ! *(On rit).*

Devenu ministre, notre député se dit avec raison qu'il est le fruit d'une coalition, que, s'il dépose son projet, cette coalition va se détruire et se reformer contre lui, qu'il tombera.

Il faut pour agir qu'il ait d'abord conquis la Chambre, qu'il s'y soit créé une majorité solide, une de ces majorités que l'on tient dans sa main. Alors il sera en mesure de réaliser son rêve, de faire aboutir sa réforme, pas avant. En attendant il se réserve.

Mais comme, à côté de lui, d'autres députés agissent ainsi qu'il a agi lui-même vis-à-vis de de ses prédécesseurs, loin de se consolider, il perd du terrain chaque jour, et il tombe avant même d'avoir pu manifester, autrement que dans quelques déclarations sans portée, son intention de réformer quelque chose.

C'est ainsi qu'après être demeuré stérile en

tant que député parce qu'il a fait converger tous ses efforts vers un seul but : devenir ministre, — il est demeuré stérile comme ministre, parce que tous ses efforts ont convergé vers ce second et unique but : le demeurer. (*Triple salve d'applaudissements*).

Je n'ai pas besoin d'ajouter qu'une fois tombé, il ne songe plus qu'à reconquérir le portefeuille perdu, qu'il finit même par en oublier le but qui lui avait fait désirer le pouvoir et que, après avoir été accidentelle, la stérilité, pour lui, devient chronique.

Vous remarquerez, messieurs, que j'ai supposé jusqu'ici un député honnête, dévoué, mû par le seul intérêt de la patrie, et n'aspirant au pouvoir que pour y défendre les principes qui lui sont chers.

J'ai fait cette hypothèse pour bien établir que, sous le Parlementarisme, les meilleurs penchants des représentants du peuple tournent à mal et concourent avec leurs mauvais penchants, à rendre le Parlement stérile et les crises ministérielles perpétuelles.

Que sera-ce donc si j'aborde maintenant les mauvaises passions, les instincts personnels de vos représentants ?

Car vous m'accorderez, je l'espère, que les anges sont rares et qu'il faudrait renoncer à avoir jamais un Gouvernement régulier, si nous ne pouvions l'espérer que d'une Assemblée d'hommes parfaits.

Vous avez des députés qui désirent le pouvoir pour le pouvoir, pour les satisfactions d'amour-propre qu'il procure, peut-être même quelquefois en vue d'avantages moins avouables, et ceux-là ne sont pas les moins ardents à s'agiter, à intriguer, à ourdir les complots et à préparer les crises.

Les Constitutions parlementaires mettent le Pouvoir à l'encan. Elles disent à chaque député : « Renverse le cabinet et tu entreras dans celui qui lui succédera ; brise un ministre et tu seras ministre à sa place. »

Une pareille prime à l'instabilité ne peut demeurer sans résultats.

Il y a dans la Chambre des convoitises saines, des ambitions avouables — celles des hommes qui ne sont dominés que par l'idée de l'intérêt général. — Il y a des convoitises et des ambitions malsaines — celles que l'intérêt privé seul guide et inspire. — Les Constitutions parlementaires réunissent ces convoitises, ces ambitions d'ordre différent ; elles en font une catapulte, une bombe, et elles les lancent contre le Gouvernement, sans trêve ni repos. On se serait proposé d'organiser l'anarchie que l'on n'aurait pas trouvé mieux, et je me demande vraiment pourquoi les anarchistes s'insurgent contre notre régime. C'est leurs principes en action. (*Bravo ! bravo ! de divers côtés.*)

MESSIEURS,

Supposez qu'on eût organisé les communes comme on a organisé l'Etat.

Chez vous, votre Conseil municipal une fois élu élit son maire et ses adjoints, et le pouvoir chargé de l'exécution, comme le pouvoir délibérant, en a pour trois ans.

Aussi, lorsqu'une question se pose au Conseil municipal de Marseille, elle est examinée en elle-même, sans autre préoccupation, de la part des représentants municipaux, que l'intérêt de la ville.

Mais supposez que la loi fût venue dire : «quand le maire proposera de construire une fontaine à la plaine St-Michel, si le Conseil décide que cette fontaine sera placée sur le cours Belsunce, le maire et les adjoints devront se démettre, et l'auteur de la proposition qui aura prévalu sera maire à la place de celui qui se sera démis. »

Supposez que la loi eût dit cela, vous n'auriez plus d'administration municipale. Les questions posées au Conseil ne seraient plus étudiées en elles-mêmes. Elles seraient, de la part des aspirants à la mairie, autant de prétextes à mettre l'administration en minorité. Les affaires les plus urgentes elles-mêmes seraient sacrifiées et, en échange, vous auriez une crise municipale tous les quatre ou cinq mois.

Et cependant, pour honorables soient-elles, les fonctions de maire ou d'adjoint de Marseille ont moins d'attrait que celles de Ministre et de Président du Conseil, et les mauvais effets qu'un pareil régime auraient sur la marche des affaires communales doivent encore beaucoup s'accentuer et s'aggraver lorsqu'il s'agit de l'Etat.

Eh bien ! messieurs, cette incitation aux crises, cette prime au gâchis, cette mise en éveil permanent de toutes les convoitises, dont personne n'aurait voulu pour la moindre des communes, on en a voulu pour l'Etat : et l'on s'étonne ensuite de notre impuissance, de notre piétinement sur place, de l'ajournement indéfini de toutes les réformes et de tous les progrès.

Pour moi, si je devais m'étonner d'une chose, c'est que malgré ce régime quelques rares réformes aient pu être réalisées. (*Applaudissements*).

Mais, messieurs, ce n'est pas seulement à l'impuissance, aux crises, aux programmes électoraux foulés aux pieds, qu'aboutit le Parlementarisme, c'est encore à une interversion de tous les rôles, interversion aussi funeste à la confection des lois qu'à l'administration générale.

Théoriquement, ce sont les Chambres qui doivent faire les lois et c'est le ministère qui doit administrer. En fait c'est le ministère qui légifère et c'est la Chambre qui administre.

Car, ne l'oubliez jamais, toute action a sa réaction, tout effet a son contraire, et si le député tient le ministre, le ministre tient aussi le député. Il le tient par les perceptions, les justices de paix, les débits de tabacs, les faveurs de toutes sortes dont il dispose et dont le député a besoin pour asseoir son influence électorale.

Que résulte-t-il de ce jeu alternatif d'influences contraires ?

Deux choses.

Lorsque le ministre est relativement fort, il fait comprendre habilement au député qu'il doit voter pour lui s'il veut obtenir des faveurs, et le député troque son programme contre un débit de tabac, et vote les lois que lui demande le ministère au lieu de voter celles qu'il avait promises à ses électeurs. La législation en souffre.

Par contre, lorsque le ministère est menacé — et c'est le cas le plus ordinaire — le député impose à l'administration des choix conformes à son intérêt à lui député, mais souvent peu conformes à ce qu'exigeraient la justice et le bien du pays. C'est alors l'administration qui se désorganise. (*Très bien*).

Ainsi donc, messieurs, aussi longtemps que vous conserverez le régime parlementaire renoncez à avoir un Gouvernement, renoncez à avoir une Chambre laborieuse. Ce sont-là choses incompatibles avec lui. (*Très bien, très bien !*).

Eh bien ! ne voyez-vous pas, messieurs, combien un pareil état de choses est dangereux pour la République, pour la Patrie ?

Comment voulez-vous qu'un ministre des Finances gère bien la fortune publique, si toute vue élevée lui est interdite, s'il en est réduit à des expédients d'un jour, et surtout s'il est contraint de céder à l'influence du premier député influent qui lui réclamera un chemin de fer improductif de 20 ou de 40 millions ?

Comment voulez-vous que, dans l'organisation de l'armée, il y ait cette continuité d'action et de direction qui fait la force, si les ministres de la guerre se succèdent de six mois en six mois ?

Un homme d'État, encore au pouvoir à cette heure, que j'eus l'honneur de rencontrer en Suisse en août 1883 — j'espère que les choses ont changé depuis — me disait alors qu'à ce moment-là nos lignes stratégiques n'étaient pas construites.

Et comme je m'en étonnais, il me l'expliqua bien simplement.

Un tracé de lignes stratégiques avait été

fourni par le ministre de la Guerre au moment où fut adopté le grand plan de travaux publics.

Mais le ministre de la Guerre qui avait fourni le tracé tomba avant que l'on n'eût mis la main à l'œuvre. Le successeur pensa que ce tracé n'était peut-être pas le meilleur ; il voulût le revoir, prit six mois pour l'étudier et lui en substitua un autre. Puis il tomba à son tour, et les choses recommencèrent de même tant et si bien que, en 1883, on n'avait eu encore aucun plan définitif, et aucune — ou presque aucune ligne stratégique construite.

Pourquoi !

Parce que les ministères n'avaient pas eu assez de durée pour concevoir un plan d'ensemble et pour l'exécuter. (*Signes d'étonnement. O ! vraiment !*)

Et le ministère des Affaires Étrangères ? Croyez-vous que les changements sans fin qui interviennent dans le titulaire de ce portefeuille soient sans inconvénients ?

MESSIEURS,

Je vais souvent à l'Étranger. Je vois ce qui s'y passe. Là, de tous côtés des coalitions se nouent contre nous. Les rois qui nous entourent nous haïssent. Ils en veulent à notre indépendance ; ils en veulent à notre liberté.

Nous sommes menacés par eux dans notre vie nationale.

Certes ! s'ils nous déclaraient la guerre ce ne serait plus comme en 1870. Nous nous défendrions avec l'énergie du désespoir, avec cette pensée que nous livrons la bataille suprême — pensée qui décuple les forces. — Nous avons une armée énergique, de bons fusils, de bons canons. Il faudrait compter avec nous et j'espère bien que l'on n'aurait pas raison de nous.

Je ne puis pas cependant ne pas éprouver un serrement de cœur à penser que nous pourrions être appelés à lutter un contre trois. Je ne puis pas ne pas me dire que devant le nombre les armées les plus glorieuses succombent, que souvent le droit est vaincu, et je ne puis pas ne pas trembler en présence d'une telle situation, pour notre patrie bien aimée.

Pour être tout-à-fait rassurés il faut que nous puissions opposer une contre-alliance à l'alliance des puissances centrales. Il faut que nous puissions compter sur le concours de la Russie.

Avec ce concours nous sommes inexpugnables. (*Bravo ! bravo ! Vive la Russie !*)

Ne vous y trompez pas, messieurs, à cette heure c'est le Czar qui est l'arbitre de la paix Européenne, et le Czar nous a déjà préservé deux fois de la guerre, une première fois en 1875, une seconde fois l'an dernier.

Mais, messieurs, il ne faut pas oublier que le Czar, c'est la Russie tout entière et que le Czar n'est qu'un homme.

Il peut mourir et être remplacé par un autre Empereur ayant des vues différentes des siennes.

Lui-même peut changer d'avis. Evidemment ce n'est pas par sympathie pour notre forme républicaine qu'il défend la France, c'est parce que les deux peuples russe et français ont des intérêts connexes. Que par une habileté de Bismarck, par des concessions faites au Czar, on parvînt à le désarmer, notre isolement serait complet.

Nous avons donc un intérêt de premier ordre à lier la Russie par un traité, comme les Allemands ont lié l'Italie et l'Autriche. Nous avons besoin de savoir que nous sommes tranquilles pour dix ans, pour quinze ans. Nous avons besoin de nous dire chaque soir en nous couchant, que nous ne risquons pas d'être réveillés le lendemain par des paroles belliqueuses de la *Post* ou de la *Nord deutsche allgemeine Zeitung* venant brusquement interrompre toutes les affaires, arrêter toutes les transactions, suspendre pour des mois la vie nationale.

Mais ce traité comment l'avoir lorsque l'immeuble du quai d'Orsay change constamment d'habitant, et lorsque le ministre qui l'habite, demeurât-il longtemps, n'est jamais là que d'une façon précaire sans certitude de lendemain ?

Je suppose que M. Goblet entame des négociations avec l'Empereur de Russie.

« Je ne demanderais pas mieux que de négocier avec M. Goblet, répondra l'Empereur ; c'est un honnête homme, dont les sympathies russes sont suffisamment accusées par les démarches qu'il fait auprès de mon Gouvernement.

« Mais qui me prouve que M. Goblet sera encore là dans vingt-quatre heures ? Qui sait si d'ici huit jours il ne sera pas remplacé par M. Waddington, ou par M. Jules Ferry ou par tout autre ?

« Qui sait si son successeur n'aura pas d'autres vues que les siennes, s'il ne préférera pas l'alliance allemande à l'alliance russe, et s'il ne me fera pas regretter d'avoir consenti à négocier avec M. Goblet ?

« Je ne puis pas m'exposer à ces hasards. Je refuse toute négociation. »

Et l'Empereur de Russie sera d'autant plus fondé à répondre de la sorte que, s'il faut en croire les diplomates les mieux informés, un fait de cette nature se serait passé vers 1879

— je ne pourrais pas préciser la date en ce moment.

Ai-je tort de dire, messieurs, qu'un régime qui, par le chaos qu'il engendre, entraine fatalement une mauvaise gestion financière, un défaut de continuité dans les affaires militaires et l'impossibilité pour la France de contracter des alliances sérieuses ; ai-je tort de dire qu'un pareil régime est un danger de mort pour notre patrie ? (*Non! non!*)

Et quant à la République, comment voulez-vous que les populations ne s'en désaffectionnent pas lorsqu'elles voient de quelle manière on gouverne depuis dix-huit ans en son nom.

Certes! les populations font un faux calcul en confondant la République avec le Parlementarisme qui n'en est que la caricature.

Mais, je vous le disais tout-à-l'heure, les populations n'ont pas le temps d'étudier les théories constitutionnelles.

Elles voient un Gouvernement qui s'appelle la République et qui marche mal. Elles ne distinguent pas entre telle forme de République et telle autre. Elles rendent la forme républicaine responsable des vices de la Constitution monarchique que l'on nous a imposée, et elles se retirent sous la tente, se réfugiant dans l'abstention, ou vont voter pour des monarchistes.

Voilà comment en 1885, 200 monarchistes sont entrés dans la Chambre au lieu de 70 qui y étaient auparavant.

Et soyez en sûrs, si la question Boulanger ne s'était pas posée, le gâchis dont la Chambre actuelle aurait donné l'exemple, et qui se serait accentué encore — car M. Floquet ne vit que du Boulangisme et n'aurait pas duré huit jours sans le Général, — ce gâchis aurait si bien dégoûté le pays que nous risquions fort de voir le centenaire de 1789 fêté par l'arrivée d'une majorité réactionnaire au Palais-Bourbon.

Si même nous n'en étions pas arrivés là, la Droite aurait grossi, le Gouvernement serait devenu de plus en plus difficile, le chaos se serait accru, et nous n'aurions été momentanément sauvés que pour arriver un peu plus tard à une culbute plus complète et plus sûre.

Ce n'est pas que les populations eussent raison de s'éloigner de la République. Au contraire, si elles réfléchissaient, tout ce que je viens de vous dire serait de nature à les rattacher à elle.

La monarchie n'a que deux pôles : ou le monarque gouverne en même temps qu'il règne. Et alors, c'est le despotisme, c'est le pouvoir personnel, dont nous nous souvenons pour en avoir ressenti les effets ; que, quoique puissent en dire nos adversaires dans leurs feuilles de calomnies et d'outrages, nous exécrons, et dont nous ne voulons à aucun prix. (*Bravos, applaudissements enthousiastes !*) Ou bien, si le Monarque ne gouverne pas lui-même, si l'on veut donner la parole au pays, c'est le Parlementarisme qui devient la seule forme politique possible. Or, qu'on soit en Monarchie ou en République, le Parlementarisme est exécrable.

La Monarchie ne nous offrant pas de solution en dehors de ces deux solutions détestables, parlementarisme ou absolutisme, nous devons la condamner résolûment. (*Bravo ! bravo ! applaudissements.*)

La République au contraire, si elle nous offre aussi la solution parlementaire qui ne vaut pas mieux avec elle qu'avec la Monarchie, que nous voyons à l'œuvre, et dont nous ne voulons plus, la République peut nous offrir autre chose. Elle peut nous donner une forme démocratique qui sauvegarde la souveraineté nationale, qui sauvegarde toutes les libertés comme en Amérique et en Suisse, sans pour cela, verser dans le Parlementarisme qui est incompatible avec le suffrage universel.

Mais faites comprendre cela à des masses qui souffrent et qui sont portées à suivre les opposants quels qu'ils soient sans aller au fond des choses !

La Constitution de 1875 est donc, je crois vous en avoir fait complètement la preuve, un danger de mort pour la République, un péril imminent pour la patrie. (*Oui ! oui ! c'est vrai !*)

Ce que doit être la Constitution nouvelle

Mais me direz-vous peut-être, que voulez-vous mettre à la place ? Et si vous supprimez le régime parlementaire, n'allez-vous pas tomber dans le Pouvoir personnel ?

Les Suisses, les Américains, eux qui, par la bouche de leurs penseurs les plus éminents, ont condamné le Parlementarisme, riraient bien si on venait leur dire qu'ils ont organisé chez eux le Pouvoir personnel. Ils en riraient et avec raison, car ils ont organisé les démocraties les plus libres et les plus prospères du monde.

Non messieurs, non ! en condamnant le Parlementarisme, nous ne demandons pas de lui substituer le Pouvoir personnel. Bien au contraire.

Mais je reconnais que vous avez le droit de me demander avec quelques explications ce que nous voulons mettre à la place de ce que nous détruisons ; et quoique le général Boulanger l'ait nettement dit dans son premier discours à la Chambre, je suis heureux de le répéter devant vous avec toutes les explications que vous pouvez désirer.

Le point capital de la nouvelle Constitution, celui qui prime tout, devant lequel tous les autres sont secondaires, c'est l'incompatibilité des fonctions de ministre et du mandat de représentant du peuple.

Il faut que les ministres soient pris hors des Chambres, qu'ils n'aient pas accès dans l'enceinte parlementaire, qu'ils dépendent du Pouvoir exécutif seul.

Il faut en finir avec ce tripotage, ce maquignonnage de portefeuilles, qui nous perd. A l'avenir, si nos idées triomphent — et elles triompheront, — les ministres, espèces de préfets supérieurs, organes du Pouvoir exécutif, auront à administrer, à s'occuper de l'exécution des lois que le Parlement aura faites ; mais ils ne seront plus soumis aux interpellations, aux votes de confiance, et à toutes ces obligations parlementaires qui rendent leur pouvoir éphémère et leur enlèvent jusqu'à la possibilité de travailler. Leur pouvoir sera durable, les projets à longue échéance seront possibles ; le gaspillage financier sera enrayé ; l'armée aura une direction continue ; des relations pourront être nouées avec l'Étranger ; en un mot nous aurons un vrai Gouvernement administrant et fonctionnant.

La Chambre, de son côté, débarrassée des questions de confiance qui dénaturent toutes les discussions et empêchent quelque sujet que ce soit d'être examiné en lui-même, la Chambre pourra aborder l'étude des réformes.

Elle le pourra d'autant mieux que la vue des portefeuilles n'étant plus là pous hypnotiser les députés, puisque, même en cas de changement, aucun député ne pourra être nommé ministre, si ce n'est six mois au moins après sa démission, les membres de l'Assemblée s'occuperont sérieusement de leur mandat. Au lieu de poursuivre avidement un morceau de maroquin, ils s'attacheront à proposer et à faire aboutir de bonnes lois, à mettre leur signature au bas de quelque grand progrès réalisé. Ils voteront, dans l'indépendance de leur esprit et de leur caractère, les ministres n'étant plus au milieu d'eux pour peser sur eux en les menaçant d'une crise.

Et de même que nous aurons enfin un vrai Pouvoir exécutif, nous aurons aussi un véritable Pouvoir législatif digne du respect universel.

Ce Pouvoir législatif devra-t-il être composé d'une ou de deux Chambres ?

Ce n'est point là une question fondamentale. L'Assemblée nationale constituante décidera. Une Constitution peut être viable avec deux Chambres comme avec une.

Quant à moi, si je fais partie de la Constituante, je voterai pour une Assemblée unique, et le général Boulanger a déclaré dans son discours qu'il était dans les mêmes vues. (*Bravo ! Bravo ! Applaudissements*).

J'avoue que dans notre pays unitaire et égalitaire tout à la fois, je ne vois guère l'utilité d'un Sénat et j'en aperçois tous les jours les inconvénients. Le Sénat n'a jamais empêché une faute et il a souvent empêché des mesures utiles.

Si la Constituante se laisse diriger par des arguments qui, à moi, me paraissent irréfutables, elle n'instituera qu'une seule Assemblée.

A mon sens, cette Assemblée ne devrait pas renfermer plus de 300 membres. Ceux-ci seraient élus au scrutin uninominal et recevraient une indemnité de 20 ou 25,000 francs incessibles et insaisissables. En revanche, je leur imposerais, comme on l'impose aux magistrats, de ne s'occuper de rien absolument en dehors de leur mandat. Il y aurait encore 4 ou 5 millions d'économie pour l'Etat, et la moralité générale s'en trouverait bien.

Les représentants seraient élus pour cinq années et l'Assemblée se renouvellerait par cinquième tous les ans.

Elle aurait la faculté de se dissoudre intégralement avant l'expiration de son mandat ; mais personne n'aurait sur elle un droit de dissolution en dehors d'elle-même.

A côté du Pouvoir législatif, la nouvelle Constitution aura à organiser le Pouvoir exécutif, et ici se pose la question de savoir si ce Pouvoir sera confié à un seul homme : un Président, ou à un Conseil exécutif : un Directoire.

Le général Boulanger a déclaré, au café Riche, et plus tard à la Chambre, qu'il préférerait un Pouvoir collectif à un Pouvoir personnel, un Conseil exécutif à un Président, mais que de cela encore il ne faisait pas un dogme, l'expérience des Etats-Unis et de la Suisse prouvant qu'une République peut parfaitement fonctionner avec l'un ou l'autre système.

Je partage sur ce point sa manière de voir. Je défendrai l'idée d'un Directoire parce qu'elle fait tomber certaines préventions, certaines craintes, fruit des événements passés dont nous avons eu à souffrir.

Mais si la Constituante en décide autrement, et pourvu que la Présidence soit entourée de toutes les garanties dont je vous entretiendrai tout à l'heure, je m'en accommoderai facilement.

Un point plus important est de savoir comment doit être élu le Pouvoir exécutif, Président ou Conseil.

S'il y avait encore deux Chambres, on pourrait à la rigueur, admettre comme en Suisse l'élection par le Congrès.

Mais j'espère qu'il n'y en aura qu'une et,

dans ce cas, je ne crois pas possible de lui confier l'élection du Président ou du Directoire. Le Pouvoir exécutif ne serait plus assez indépendant et il faut chercher une autre base.

Le suffrage universel direct me paraît difficile à adopter. Il aurait l'inconvénient grave que souvent on n'obtiendrait pas de majorité absolue. Or, il n'est pas admissible qu'un Président ou un Directeur soit l'élu d'une majorité relative, c'est-à-dire en réalité, d'une minorité. Comme on ne pourrait d'ailleurs pas faire un nombre indéfini de tours de scrutin, il y aurait là une quasi-impossibilité.

Mais un suffrage à deux degrés, tel que celui qui fonctionne aux Etats-Unis ne serait pas pour me déplaire. Il équivaudrait à l'élection directe en ce sens que les délégués recevraient un mandat impératif.

Seulement, réunis en petit nombre dans une salle, ceux-ci, si aucune majorité ne se dessinait dès l'abord, pourraient, comme c'est le cas en Amérique dans les conventions où l'on décide des candidatures, scrutiner indéfiniment jusqu'au moment où une majorité absolue se serait dégagée.

Si même on ne voulait pas aller jusqu'au suffrage à deux degrés, on pourrait adopter un système analogue à celui qu'avait proposé M. Thiers. On ferait élire le Pouvoir exécutif par une grande Assemblée nationale formée par l'Assemblée, augmentée d'un nombre de délégués des Conseils généraux doublant le chiffre de ses propres membres.

J'avoue que ce mode d'élection, qui donnerait une grande indépendance au chef, individuel ou collectif, du Pouvoir exécutif, et qui cependant ne l'élèverait pas trop au-dessus de l'Assemblée, me séduirait beaucoup.

Le Président ou le Directoire serait élu pour une durée de cinq ans.

Si c'est un Président, ses pouvoirs seraient renouvelés après que l'Assemblée aurait subi un cycle complet, c'est-à-dire après les cinq renouvellements partiels.

Si c'est un Directoire, il devrait se renouveler par cinquièmes tous les ans, immédiatement après le renouvellement de l'Assemblée.

Si l'Assemblée se dissolvait intégralement à une époque quelconque, le renouvellement intégral du Pouvoir exécutif devrait en être la conséquence, et ce renouvellement aurait lieu immédiatement après les élections générales.

Faut-il accorder au Pouvoir exécutif, Président, ou Directoire, l'initiative des lois, tout comme aux membres de l'Assemblée nationale ? Ou faut-il réserver cette initiative aux seuls membres du Parlement ?

Les Etats-Unis et les Constitutions françaises de 1791 et de l'an III ont résolu la question par la négative. Elles n'ont pas voulu que le Pouvoir exécutif pût déposer de projets de loi.

La Suisse et le Mexique, au contraire, ont donné au Pouvoir exécutif une initiative en matière législative.

En réalité, la question est plus de forme que de fond.

La Constitution américaine a permis, comme l'avaient fait avant elle les Constitutions françaises de 1791 et de l'an III, au Pouvoir exécutif d'appeler l'attention du Parlement, en l'invitant par un message à déposer une loi sur un objet déterminé. La seule chose qui lui soit interdite est de déposer lui-même le projet libellé en articles.

Cela revient au même, et j'estime qu'il y a avantage à autoriser le projet libellé, parce que cela permet de mieux préciser la pensée, et fait disparaître bien des obscurités et bien des malentendus.

Ce qui importe, et c'est ce à quoi ont pourvu les Mexicains et les Suisses tout comme les Américains, c'est que l'existence du Pouvoir exécutif ne soit pas plus liée au sort de la loi proposée par lui, que le sort d'un maire dans une commune, n'est lié au vote du Conseil municipal sur ses propositions.

Ce qui importe c'est que, si les projets gouvernementaux sont expliqués devant le Parlement par un commissaire spécial, ils ne le soient pas par les ministres, qu'en aucun cas aucune question de confiance ne puisse être posée et que, dès lors, la liberté des deux Pouvoirs demeure entière.

Garanties

Je donnerais donc l'initiative des lois au Pouvoir exécutif. Je donnerais aussi à ce dernier un droit de veto sur les lois votées par l'Assemblée.

Ce droit de veto ou d'opposition dont le général Boulanger a parlé dans son discours à la Chambre, et — il me permettra de le dire parce que cela même fait tomber les attaques de ceux qui prétendent y voir de sa part une arrière-pensée Césarienne — dont il n'a parlé que parce que je lui en ai suggéré l'idée, ce droit de veto a soulevé bien des objections de ceux qui ne le comprennent pas.

Un membre de la réunion. — Mais comment admettre que le Président brise les décisions de l'Assemblée ?

M. Naquet. — Vous allez voir, citoyens, qu'il ne s'agit pas de briser les décisions de l'Assemblée ; vous allez voir qu'il s'agit au contraire de garantir les libertés publiques.

Mais d'abord laissez moi vous dire, pour faire évanouir vos préventions, que le veto existe au Mexique, qu'il existe aux Etats-Unis, où il faut, pour le faire tomber, pour forcer la main au Président, une majorité des 2/3 dans les deux Chambres, et où il est appliqué tous les jours ; qu'il existe enfin dans notre Constitution actuelle, dans la Constitution de 1875.

Le Président, en effet, peut chez nous se refuser à exécuter une loi votée par les deux Chambres, appeler celles-ci à en délibérer de nouveau ; et il n'est tenu à la promulguer que si, après cette délibération, les Chambres persistent dans leurs décisions.

Que signifie donc le veto ?

Il signifie, citoyens, qu'il ne faut jamais confier la souveraineté à qui que ce soit, pas plus à une Assemblée qu'à un homme ou à un Conseil, sans quoi la liberté du peuple est compromise.

La souveraineté réside dans le peuple mais ne peut résider nulle part ailleurs.

Un homme peut abuser du Pouvoir ; il peut violer la loi comme au 2 décembre 1851.

Mais une Assemblée le peut également.

Faut-il vous citer comme exemple cette Chambre introuvable de 1815 qui était cent fois plus rétrograde que Louis XVIII, qui édictait la peine des travaux forcés contre quiconque aurait exhibé un drapeau tricolore, et où l'on demandait la substitution de la potence à la guillotine, parce que la guillotine est d'un transport difficile, tandis que l'on trouve partout un arbre et une corde pour pendre les ennemis du gouvernement.

Cette Chambre là, la France battit des mains lorsque Louis XVIII en prononça la dissolution.

A une époque plus récente, qui date d'hier même et que vous vous rappelez tous, n'avez-vous pas vu l'Assemblée de 1871 s'arroger le Pouvoir Constituant qu'elle n'avait pas reçu, et s'efforcer pendant cinq ans de détruire la République, au mépris des décisions chaque jour renouvelées des électeurs ?

Ah ! comme vous auriez été rassurés, dans vos angoisses patriotiques, si, en 1872, en 1873, M. Thiers avait eu un droit de veto sur les décisions de l'Assemblée Nationale ; si vous aviez su que les décisions qu'elle pourrait prendre contre la République seraient frappées d'interdit et soumises à la Nation à qui resterait le dernier mot !

Mais non ! l'Assemblée était souveraine, et c'est là ce qui a créé pendant cinq ans vos légitimes terreurs.

Et si l'on remonte un peu plus loin sans remonter jusqu'en 1815, si l'on remonte à la période qui va de 1849 à 1851, les hommes de mon âge se rappellent cette Assemblée qui, d'un trait de plume, raya trois millions d'électeurs, mutila le Suffrage universel par la loi du 31 mai 1850.

Cette loi du 31 mai, quoique venant de l'Assemblée, fut un attentat contre la Nation au même degré que le 2 décembre. Elle fut même la cause du 2 décembre. Elle donna à Bonaparte son arme la plus puissante lorsqu'elle lui permit de dire, au jour du Coup d'Etat : «Le Suffrage universel est rétabli. »

Si la Constitution avait armé Bonaparte du droit de veto, il en aurait usé ou il n'en aurait pas usé.

Dans le premier cas la loi du 31 mai ne serait point devenue loi de l'Etat, et Bonaparte n'aurait pas pu désarmer l'opinion publique en décembre par le rétablissement de ce qui n'aurait pas été aboli.

Dans le second cas, s'il n'avait pas usé de son droit de veto, il n'aurait pas pu se prévaloir du rétablissement du Suffrage universel, puisqu'il aurait eu participé, au moins par omission, à sa mutilation. Dans l'un comme dans l'autre cas, le 2 décembre fût devenu plus difficile.

Eh bien ! Le général Boulanger ne veut pas, les républicains qui se groupent autour de lui ne veulent pas qu'une Chambre puisse abuser du pouvoir, qu'elle puisse supprimer les libertés publiques, ou toucher au Suffrage universel lui-même.

Pour ma part, j'ai depuis de longues années, médité sur le droit constitutionnel, et j'ai préparé un projet de Constitution que je soumettrai à la prochaine Constituante si les électeurs m'y envoient.

Voici comment je comprendrais le veto.

J'introduirais dans la Constitution même, en leur donnant le caractère constitutionnel, toutes les lois fondamentales : la loi électorale, la loi sur la liberté de la presse, la loi sur le droit de réunion, la loi qui précise les cas où l'Etat de siège peut être décrété, les lois qui garantissent la liberté de conscience.

Ces lois, il serait interdit aux Chambres d'y toucher autrement que par la procédure de la revision, c'est-à-dire par l'appel direct par oui ou par non à la Nation. J'admets en effet qu'aucune loi constitutionnelle ne peut être logiquement reconnue exécutoire avant d'avoir été soumise au *referendum* comme disent les Suisses, au *plébiscite*, comme nous disons en France.

Mais de ce qu'une Chambre n'a pas le droit de faire une chose il ne s'en suit pas toujours qu'elle hésite à le faire.

La Constitution de 1848 avait garanti le principe du suffrage universel. La législative élue en 1849 n'avait donc pas le droit d'y porter atteinte. Mais elle en avait le pouvoir et elle en usa. Elle tourna la Constitution. Elle prétendit organiser le suffrage universel pendant qu'elle le détruisait, et, sous le prétexte de régler certaines conditions de domicile, elle diminua les listes électorales de trois millions de citoyens.

Eh bien ! je voudrais que dans des cas semblables le Président de la République ou le Directoire eût le droit de *veto dirimant*. Je voudrais qu'il put dire à la Chambre : « Votre loi viole le pacte constitutionnel. A moins que vous ne soumettiez la question au seul souverain, au peuple, et que le peuple ne prononce dans votre sens, je me refuse à l'exécuter. »

Le Pouvoir législatif, dans ce cas, serait empêché dans son usurpation et, sachant celle-ci impossible, ne la tenterait pas.

Une voix. — Mais admettez-vous que le suffrage universel ait le droit de se supprimer lui-même ?

M. Naquet. — Le droit, non certainement ! La majorité n'a pas le droit d'enlever son bulletin de vote à la minorité; la génération d'aujourd'hui n'a pas le droit d'enchaîner la génération de demain ; et c'est pour cela notamment qu'en droit la République, c'est-à-dire la Souveraineté nationale toujours réservée, ne saurait être mise en cause.

Mais autre chose est le droit de faire légitimement une chose, autre chose est le pouvoir de la faire.

Il est clair que si le peuple, dans son immense majorité, voulait abdiquer sa souveraineté, confisquer les droits de la minorité actuelle et des générations futures, proclamer une monarchie, il le pourrait, aucun pouvoir matériel n'étant en situation de le contraindre.

Seulement, à le faire il commettrait une usurpation criminelle, et sa décision n'engagerait en rien la conscience des opposants, seuls dépositaires du droit.

Mais soyez tranquilles, si des mandataires infidèles peuvent à un moment donné abdiquer pour le peuple, le peuple loyalement et librement consulté, n'abdiquera jamais lui-même.

Si en 1850 l'Assemblée usurpatrice qui fit la loi du 31 mai était venue dire à la Nation, avait été forcée de lui dire : « Voulez-vous que je supprime trois millions d'électeurs ? », soyez assurés que la Nation aurait répondu *non* à une immense majorité.

Quoiqu'il en soit, s'il est vrai qu'aucune garantie n'est absolue parce que l'absolu n'est pas de ce monde, il est certain qu'un pays a lieu d'être plus rassuré lorsqu'il sait qu'aucun abus de pouvoir n'est possible sans son consentement, que s'il sent au-dessus de lui un Pouvoir tout-puissant, homme ou Chambre, capable d'usurper sur sa souveraineté sans le consulter.

Le *veto* dirimant n'est donc qu'une sauvegarde de la liberté et ne peut jamais devenir une entrave. Son seul effet est de retirer la solution au Parlement pour la remettre aux électeurs.

A côté du veto dirimant, j'admettrais volontiers un veto simple, pour les questions de moindre importance : mais celui-ci, entièrement semblable à celui qu'a organisé la Constitution de 1875, ne consisterait que dans le droit conféré au Pouvoir exécutif, de demander une nouvelle délibération à l'Assemblée.

Ainsi, le Pouvoir exécutif jugerait-il une loi mauvaise, sans cependant y voir une usurpation, il la frapperait de veto simple, et serait obligé de s'incliner si l'Assemblée la votait de nouveau à la majorité absolue de ses membres.

Jugerait-il la loi inconstitutionnelle, usurpatrice, il la frapperait de son veto dirimant. Le Pouvoir législatif alors ne pourrait la rendre exécutoire que par un appel au pays.

Le veto est donc une grande sûreté pour les libertés publiques.

Il ne me suffit cependant pas encore parce qu'il faut tout prévoir, et notamment le cas où le Législatif et l'Exécutif se mettraient d'accord pour confisquer la souveraineté de la Nation.

En vue de ce cas, j'emprunte à la Suisse son

referendum comme j'ai emprunté aux Etats-Unis leur *veto*.

En Suisse, lorsque 30.000 citoyens demandent qu'un acte du Pouvoir législatif ou du Pouvoir exécutif soit soumis à la sanction populaire, qu'il soit soumis aux électeurs, qu'il en soit *référé* au pays, l'appel au peuple, le *referendum* est de droit, et, grâce à ce droit, les deux Pouvoirs coalisés eux-mêmes seraient, malgré leur coalition, impuissants à confisquer la souveraineté du pays.

En France on ne saurait admettre l'appel au peuple sur l'initiative de 30.000 citoyens — le pays est trop peuplé. — Mais on pourrait conserver la proportion. 500.000 sont à-peu-près par rapport à 36 millions — population de la France — ce que 30.000 sont par rapport à 2 millions 1/2 — population de la Suisse. Nous admettrions le referendum obligatoire sur une pétition signée de 500.000 électeurs.

Ajoutez à cela une grande décentralisation administrative, et vous aurez, messieurs, cette Constitution césarienne, dictatoriale, que nous reprochent ces mêmes parlementaires qui, eux, ne se font aucun scrupule d'absorber la souveraineté du peuple dans le Parlement. Les parlementaires, messieurs, vous laissent tous les 4 ans un jour pour choisir des maîtres, puis ils vous destituent de tout pouvoir. Ils gardent par devers eux l'autorité suprême.

Nous, nous pensons, comme nos pères de 1793, que la souveraineté réside dans le peuple, qu'elle est inaliénable et imprescriptible, qu'elle ne peut pas plus être aliénée temporairement que définitivement, pas plus aux mains d'une collectivité qu'aux mains d'un individu.

Nous voulons que le peuple ait toujours le dernier mot, qu'il soit toujours le maître suprême de ses destinées, que jamais ses libertés ne puissent être compromises.

Et ce sont les parlementaires, oligarques impuissants, qu'on appelle les libéraux ! Et c'est nous qu'on appelle les césariens ! Ainsi va le monde ! (*Bravo ! bravo !* — *Applaudissements répétés.*)

Voilà, messieurs, les garanties que la nouvelle Constitution doit prendre contre le Pouvoir législatif.

Elle doit en prendre aussi contre le Pouvoir exécutif.

A cet égard, je vous l'ai dit, j'aimerais que le Pouvoir exécutif fût confié à un Conseil.

Mais je crains, comme le général Boulanger, que la France ne se fasse pas à cette idée de Pouvoir collectif, à cette idée d'Etat sans tête — ce sont les propres expressions du Général — et que la Constituante ne confie le Pouvoir exécutif à un Président de la République.

Raisonnons dans cette hypothèse et voyons

quelle garantie on doit prendre contre les abus de pouvoir de ce Président.

Ces garanties, d'ailleurs, s'appliqueront aussi bien au Directoire si c'est l'idée d'un Directoire qui prévaut.

La garantie suprême consisterait, ainsi que l'a justement dit le général Boulanger dans son discours de Douai du 14 mai 1888, à organiser la révocabilité possible du Président de la République ou du Conseil qui en tiendrait lieu. Dans le cas d'un Conseil, cette révocabilité devrait s'exercer sur l'ensemble du Conseil ou sur chacun de ses membres pris isolément.

La révocation serait prononcée, sur une proposition de l'Assemblée Nationale, par le corps électoral même qui aurait élu le Pouvoir exécutif :

Par le suffrage universel direct, si l'on choisissait pour le Pouvoir exécutif ce mode d'origine ;

Par les électeurs du second degré qui l'auraient élu, si ce mode d'élection prévalait ;

Par la grande Assemblée nationale formée de l'Assemblée ordinaire doublée d'un nombre égal de délégués des Conseils généraux, si l'on s'arrêtait à l'élection par ce corps spécial ;

Par le Congrès, s'il y avait deux Chambres et si le Pouvoir exécutif était issu d'un Congrès.

La procédure américaine de la mise en

accusation est trop compliquée et partant d'une application trop difficile et trop solennelle. Je préfère la révocation pure et simple par le corps qui a élu.

Si l'élection du Pouvoir exécutif avait lieu au suffrage universel à deux degrès, et au cas où l'Assemblée nationale voudrait soumettre la question de révocation non aux délégués antérieurement élus, mais à des délégués nouveaux, elle pourrait prononcer sa propre dissolution. Par le fait de son renouvellement, ainsi que je vous l'ai dit tout-à-l'heure, il y aurait lieu au renouvellement intégral du Pouvoir exécutif.

Enfin, l'Assemblée Nationale tiendrait encore le Président de la République ou le Directoire par le budget dont elle demeurerait maîtresse, comme aujourd'hui.

Voilà messieurs qu'elles seraient, si nos idées prévalent, les grandes lignes de la Constitution que nous poursuivons de nos vœux.

Le Pouvoir divisé pour qu'il ne soit jamais dangereux.

L'Assemblée légiférant mais n'administrant pas.

Le Pouvoir exécutif administrant sans subir l'action incessante du Parlement et sans tomber devant ses votes.

Les ministres pris hors des Chambres.

Le chef du Pouvoir exécutif responsable et révocable.

Les lois pouvant être frappées de veto, et par cela même déférées à la Nation.

Enfin l'organisation de ce que j'appellerais le *veto des citoyens*, c'est-à-dire l'appel au peuple de droit sur tous les actes du législatif ou de l'exécutif lorsque 500,000 citoyens le réclameraient.

Le Plébiscite

Une voix. — Mais c'est le Plébiscite ! Vous êtes donc plébiscitaire ?

M. Naquet. — Sans contredit je le suis, je l'ai toujours été. J'ai défendu le Plébiscite à l'Assemblée Nationale.

Je suis plébiscitaire avec Gambetta qui affirmait en 1869 qu'une Constitution n'est valable que si elle a reçu la sanction populaire.

Je le suis avec la Suisse qui pratique le Plébiscite à chaque instant.

Je le suis avec Danton et Robespierre qui, non-seulement, ont fait plébisciter l'acte constitutionnel de 1793, mais qui, par cet acte même, avaient admis l'appel au peuple sur toutes les lois quand un certain nombre d'Assemblées primaires le demanderaient.

Vous m'objectez l'Empire, 1851, 1852, 1870. L'objection ne me gêne pas.

L'Empire s'est servi du Plébiscite, cela est vrai ; il a fait amnistier le Coup d'Etat par la Nation plébiscitairement consultée ; il a fait ratifier la Constitution de 1852, et le rétablissement de l'Empire par appel direct au pays ; et plus tard, lorsqu'il est revenu au Parlementarisme en 1870, c'est encore au Plébiscite qu'il a demandé la sanction de cette modification profonde de la Constitution.

Mais est-ce que, par hasard, l'Empire ne recourait pas aussi à des élections générales ?

Est-ce qu'il ne conviait pas tous les six ans les électeurs à élire un Corps Législatif ?

Est-ce que, enfin, le Corps Législatif n'affirmait pas alors la Constitution impériale tout comme l'avait affirmée le Plébiscite ?

L'Empire avait eu le tort de peser sur les électeurs pendant les périodes plébiscitaires.

Mais n'avait-il pas aussi le tort de peser sur les électeurs par les procédés de la candidature officielle au cours des élections générales ?

N'a-t-il pas été imité plus tard en cela par M. Buffet, par M. de Broglie ? Et ne pourrions-nous pas dire qu'il l'est en ce moment même par M. Floquet, si, libre et majeure, la Nation ne se moquait aujourd'hui de toutes les pressions et de toutes les entraves ?

Si donc vous deviez renoncer aux consultations directes du pays, parce que le pays consulté directement a voté l'Empire, vous devriez aussi renoncer à faire élire des députés, parce que, de 1851 à 1870, le pays a élu des députés impérialistes.

Si vous deviez renoncer au Plébiscite parce que sous l'Empire les plébiscites se sont accompagnés de pression officielle, vous devriez renoncer à faire des élections, parce que l'Empire a usé de la candidature officielle, comme en ont usé plus tard les ministres de Mac-Mahon, et comme en use, quoique avec moins de franchise, le Gouvernement actuel.

Or, vous n'avez jamais renoncé à faire des élections. Vous vous êtes bornés à exiger qu'elles fussent libres à l'avenir.

Il n'y a pas plus de raison pour que vous renonciez à consulter directement le pays sur toutes les grandes questions. La seule chose que vous avez le droit d'exiger, c'est que, tout comme les élections, ces consultations populaires soient libres.

Le Plébiscite loyalement et librement pratiqué, c'est l'exercice le plus haut de la souveraineté nationale.

En avoir peur serait pour un peuple, ce que serait de la part d'un homme la crainte de sa propre volonté. Ce serait une terreur chimérique indigne d'une nation majeure et éclairée comme la Nation française.

Je suis donc plébiscitaire, comme l'est la Suisse, comme l'ont été nos pères.

Je suis plébiscitaire parce que je suis démocrate.

Je suis plébiscitaire parce que je ne veux déposer la souveraineté dans aucun corps constitué ; parce que je veux la réserver intégrale et complète au pays.

Voilà, messieurs, ma manière d'être Césarien. (*Applaudissements frénétiques*).

La Revision impossible

Ainsi, messieurs, nous voici d'accord pour trouver que la Constitution actuelle perd la République et la France ;

Nous voici d'accord pour reconnaître que nous ne pouvons conjurer que par une revision urgente le danger qui nous menace.

Nous voici d'accord enfin sur les principes généraux qui doivent servir de base à la Constitution nouvelle qu'il importe de donner au plus tôt à ce pays.

Mais cette revision urgente, nécessaire, cette revision sans laquelle la République est compromise et la patrie menacée, avons-nous le moyen de l'obtenir par le jeu normal, régulier, ordinaire de nos institutions ?

Je n'hésite pas à répondre non !

Quand M. Floquet vous promet une revision il se trompe ou vous trompe, peut-être les deux.

Il se trompe s'il espère obtenir quelque chose.

Il vous trompe s'il rêve d'une revision sans importance qui ne changerait rien à ce qui existe et dans laquelle il ne trouverait qu'un moyen d'endormir l'opinion (1).

Comment donc voulez-vous qu'on revise alors qu'il faut l'adhésion de la Chambre et du Sénat ?

Voilà une Chambre de 584 membres dont 200 veulent être ministres et dont les 384 autres veulent pousser au ministère les 200 premiers pour en obtenir des faveurs ; et vous venez dire à ces 584 députés : « Renoncez au ministère à perpétuité soit pour vous, soit pour vos amis ; renoncez à la haute main que vous avez sur l'administration ; renoncez à ces intrigues parlementaires qui, en dehors même des avantages qu'elle vous procurent, font votre bonheur, votre vie, votre joie. »

Dites-leur cela et soyez assurés que la réponse ne sera pas douteuse, ce sera un *non* résolu.

Que si, par hasard, la Chambre répondait *oui* à la revision que M. Floquet doit, dit-on, lui proposer, c'est ou bien que cette revision sans portée ne toucherait en rien aux questions fon-

---

(1) Depuis le moment où ce discours a été prononcé mes prédictions se sont justifiées. M. Floquet a présenté un projet de revision grotesque qui ne répond à aucun de nos besoins, et la Commission chargée de l'examiner, se livre à un jeu de scolastique constitutionnelle dont elle sait fort bien que les résultats sont condamnés d'avance par le Sénat.

damentales d'une revision véritable, que ce serait une simple comédie parlementaire de plus, ou bien que les députés s'en reposeraient sur les sénateurs du soin d'arrêter au passage ce qu'ils auraient voté pour obéir à des exigences électorales.

Si, en effet, de la Chambre vous vous retournez vers le Sénat, et si vous dites à celui-ci : « En ce qui vous concerne, il ne s'agit même plus de déclarer votre mandat incompatible avec les fonctions ministérielles. Il s'agit de plus que cela. Nous vous considèrerons comme une Assemblée d'inutiles, voire même comme une Assemblée de nuisibles, dont la seule fonction est d'arrêter le peu de réformes qui, à la Chambre, auraient réussi à passer à travers le réseau déjà si étroit du Parlementarisme, de défaire le peu de travail que l'autre Chambre aurait mené à bien. Nous allons vous supprimer. » Si vous leur tenez ce langange, ne doutez pas de la réponse qui vous sera faite. La revision sera repoussée. Donc, vous n'aurez pas la revision dans cette législature ; et vous ne l'aurez pas davantage avec les législatures qui suivront, si rien de particulier, de spécial, n'intervient dans les élections de 1889.

Pour que la revision s'opère, il faut que le pays l'impose par un de ces courants formidables d'opinion, devant lesquels tout cède, qui brisent toutes les résistances, comme le fait s'est produit au 16 mai.

A cette époque le Sénat et le Président étaient monarchistes comme ils sont opportunistes aujourd'hui ! Mais la France voulait la République, elle la voulait énergiquement ; elle sut le dire de sa voix puissante, et le Sénat céda, et le président sommé de se soumettre ou de se démettre, obéit à cette double injonction, se soumettant d'abord, se démettant ensuite.

Il en sera de même demain si la France veut résolument. Si elle élit une majorité impérativement chargée de réclamer une Constituante, de ne pas transiger sur ce point ; si elle s'en tient à ce programme limité mais fermement voulu, le Sénat et le Président pourront essayer quelque temps d'une résistance inutile ; ils seront bien obligés de céder devant la résolution du pays : la revision se fera.

Mais ce grand courant d'opinion comment le produire ?

Si nous n'avions en France que des départements comme la Seine, le Var, les Bouches-du-Rhône, Vaucluse, le moyen serait simple.

Là le parti républicain possède une majorité compacte, bien assise, et l'élément radical domine dans le Parti républicain.

Il suffirait d'exposer dans la presse, dans les réunions, ainsi que je viens de le faire, les vices de la Constitution de 1875 ; il suffirait de montrer aux populations ce qu'enseignent le bon sens et l'expérience quant aux institutions qu'il convient de substituer à celles qui nous régissent, et tout serait dit. (*Bravo ! bravo !*)

Mais malheureusement toute la France ne ressemble pas à la région dans laquelle je parle en ce moment.

S'il y a dix-neuf ou vingt départements sur 89 qui ressemble à celui-ci, les 70 autres sont entièrement différents, et là rien n'est plus possible de ce qui est possible ici. Or, ces 70 départements, soit par leur nombre, soit par le chiffre de leur population, constituent la très-grosse majorité du pays.

Là, vous n'avez plus de majorité assise ; mais simplement, ce que vous me permettrez d'appeler des majorités de hasard.

La population y est divisée en trois fractions.

D'un côté, des républicains sincères et énergiques comme ceux qui m'entourent, mais trop peu nombreux pour triompher par leurs seules forces ;

De l'autre des réactionnaires aussi fougueux, aussi résolus que ceux que vous connaissez ici, mais qui eux non plus n'ont pas de majorité par eux mêmes ;

Entre les deux, une masse flottante, indécise, n'ayant aucune idée arrêtée et philosophique sur la forme du Gouvernement, se décidant par des motifs d'ordre sentimental, votant pour ce qui est pour peu qu'elle soit satisfaite, parce qu'elle aime l'ordre et a horreur des changements profonds, mais allant aux extrêmes contraires avec une égale facilité, si elle est mécontente, fatiguée, excédée par la mauvaise situation des affaires et par le gâchis politique qu'on lui dénonce comme la cause de cette mauvaise situation.

Or, cette fraction, suivant qu'elle se porte à droite ou à gauche, fait pencher la balance du côté où elle va : elle tient entre ses mains le sort des élections.

Vous avez un exemple frappant de ce que j'avance dans ce qui s'est produit dans les départements du Nord et du Pas-de-Calais.

Dans ces deux départements, en 1885, les listes monarchistes passent tout entières avec 35,000 et 30,000 voix de majorité. Quelques mois plus tard ces départements se retournent. Des vacances s'y étant produites, l'un deux le Nord élit M. Tristram, et l'autre M. Ribot, tous deux républicains et les élit à une majorité à peu près égale à celle qu'avait obtenue la liste conservatrice en 1885.

A quoi cela peut-il être dû ?

Evidemment les républicains du Nord et du Pas-de-Calais n'ont pas donné leurs voix à des conservateurs en 1885.

Evidemment les conservateurs de ces deux départements n'ont pas porté leurs suffrages sur des républicains en 1886.

Si donc la majorité s'est retournée, c'est qu'il y a eu des électeurs flottants, indécis, au nombre d'environ 35,000 dans le Nord, d'environ 30,000 dans le Pas-de-Calais, qui ont voté pour les candidats de Droite dans l'élection générale ; qui, pour avoir un défenseur de leurs intérêts auprès du Gouvernement, ont voté pour un candidat de Gauche dans les élections partielles, et qui ont apporté chaque fois la victoire au camp auquel ils sont allés.

Or, cette composition du corps électoral ne se rencontre pas seulement dans le Nord et le Pas-de-Calais ; elle se retrouve dans 70 départements environ ; et l'on peut dire, par conséquent, que les masses flottantes dont je parle disposent de l'avenir de la France.

S'il en est ainsi, messieurs, et personne un peu au courant de la politique ne saurait le nier, vous voyez que le problème de la revision est plus compliqué qu'il ne vous apparaissait d'abord.

Sur les électeurs indécis et sans opinion arrêtée dont je vous parle, des conférences dans le genre de celle que j'ai le plaisir de vous faire à cette heure, sont sans action.

Ils connaissent la République ; mais ils ne

distinguent pas entre telle et telle forme de République.

S'ils sont satisfaits, ils votent pour la continuation de ce qui est, et se refusent à toute revision, parce qu'ils craignent tout ce qui peut porter atteinte à leur repos.

S'ils sont mécontents, ils font porter leur mécontentement sur la République elle-même, et votent pour des monarchistes, ainsi qu'ils l'ont fait sur tant de points déjà en 1885.

En ce moment il est un fait hors de doute, et hélas ! trop explicable : c'est le mécontentement qui domine.

En 1881 notre majorité plébiscitaire, c'est-à-dire l'excès des voix républicaines sur les voix conservatrices dans toute la France, était de 1100,000 voix.

En 1885, cette majorité est tombée de 1100,000 voix à 450,000, et si nous considérons que le mécontement a gagné depuis ; que dans les élections municipales nous avons perdu un très grand nombre de communes malgré les affirmations optimistes autant que fantaisistes de M. Floquet, nous pouvons établir, quelque douloureuse que puisse être pour nous cette constatation, que les masses flottantes échappent de plus en plus au parti républicain et menacent de plus en plus de passer à Droite.

Il m'est pénible de faire cet aveu ; mais je ne

suis pas de ceux qui croient que pour conjurer un danger il faut fermer les yeux à la manière de l'autruche. Je crois, au contraire, que, lorsqu'un danger existe, il faut l'examiner virilement pour en chercher le remède.

Croyez-vous que vous ramènerez les masses flottantes en leur exposant philosophiquement un plan de revision? Je ne le crois pas pour ma part et aucun politique avisé ne saurait le croire.

Et la preuve en est que je prêche la revision depuis dix ans, qu'en 1881 M. Clémenceau et M. Pelletan ont fondé une ligue revisionniste, et que leur action comme la mienne s'est brisée devant l'indifférence du pays.

Ainsi, messieurs, voilà notre état politique.

La revision nécessaire et urgente pour conjurer le péril suprême de la République et de la Patrie.

En même temps la revision impossible sans un courant d'opinion formidable qui entraîne tout.

Et enfin ce courant d'opinion impossible à son tour à déterminer par les moyens dont disposent ordinairement les partis politiques.

Nous étions donc dans la situation d'un malade condamné à mort, qui verrait près de son lit le médicament qui doit le sauver, mais qui ne pourrait y atteindre, ce médicament n'étant pas à la portée de sa main.

L'Élément Boulanger

Aussi, messieurs, envisageais-je, il y a quelques mois à peine, l'avenir sous les couleurs les plus sombres, et ne voyais-je venir qu'avec terreur l'échéance de 1889.

Les choses en étaient là lorsqu'un incident nouveau s'est produit. Je veux parler de ce facteur qui s'appelle le général Boulanger. (Sur plusieurs bancs : *Vive Boulanger* !)

Mais avant de vous parler du Général permettez-moi d'insister encore sur un point.

Les masses hésitantes dont je vous entretenais il n'y a qu'un instant, subissent malheureusement encore le legs de 14 siècles de monarchie. Elles ne comprennent pas les abstractions ; elles ne se passionnent pour une idée que lorsqu'elles peuvent incarner cette idée dans un homme.

C'est regrettable. Si j'avais fait mon pays, je l'aurais fait autrement. Mais je ne l'ai pas créé et je suis bien obligé de le prendre tel qu'il est, tel que nous l'ont fait les siècles.

C'est parce que, de 1871 à 1878, grâce à la légende de la Défense nationale, les masses hésitantes ont pu incarner la République dans un homme, Gambetta, que nous avons compté toutes les victoires qui ont amené en 1878 le triomphe final de la République.

Ces masses n'étaient pas républicaines ; elles étaient Gambettistes. Elles votaient pour Gambetta ou pour ses candidats. Seulement, comme Gambetta et ses candidats étaient républicains, en votant pour eux, elles votaient pour la République et elles devenaient républicaines par la lutte même. De là nos succès.

Depuis le jour où Gambetta a disparu, l'abstraction républicaine se substituant à sa direction personnelle, on n'a plus compris, et nous n'avons cessé de perdre du terrain.

Pour nous relever, pour empêcher la majorité de passer à droite, pour obtenir une majorité revisionniste capable d'imposer la revision aux plus récalcitrants, il fallait trouver à Gambetta un successeur. Il fallait un chef au parti républicain progressiste, et un chef qui pût entraîner les masses.

Malheureusement on ne crée pas une popularité à son gré ; et l'on pouvait désespérer de trouver ce successeur de Gambetta lorsque, par un hasard heureux, le général Boulanger a été appelé au ministère de la Guerre.

Le Général, à peine entré au ministère, y a donné l'exemple d'un travail infatigable. Quoique foncièrement pacifique, il a voulu mettre la France en état de se défendre si elle était attaquée ; il a rendu à l'armée, à la population cette confiance qui leur faisait défaut depuis nos désastres de 1870 ; il a brisé les oppositions réactionnaires qu'il a rencontrées dans l'armée ; il a exécuté la loi qui expulsait les princes ; il a présenté le premier, en tant que ministre, une loi militaire renfermant le principe du service militaire égal pour tous, même pour les séminaristes, *car ce prétendu clérical* n'a pas hésité à condammer des dispenses scandaleuses, et c'est au cri de : « Les curés sac au dos » qu'il était naguère acclamé dans l'Ile-et-Vilaine.

En même temps, il prenait la défense des inférieurs ; il s'occupait des petits, des faibles, de vos fils qui payent à la patrie le lourd impôt personnel du service militaire, et par tous ces actes de français, de patriote, de démocrate, de républicain, il se créait une popularité immense et légitime dans le pays. (*Vive Boulanger* ! *Vive Boulanger* !)

Dans les débuts cette popularité a été exclusivement républicaine ; puis elle a gagné les masses moyennes, chez lesquelles elle s'est solidement implantée, et enfin beaucoup d'anciens monarchistes fatigués de leurs états-majors.

Quand les chefs parlementaires du parti républicain ont vu la popularité du Général battre son plein, ils en ont pris peur, non pour la République qui n'est pas en cause, ils le savent bien, mais pour leur popularité à eux qui s'éclipsait devant la sienne.

Ils se sont alors promis de briser ce qu'ils ont appelé une idole, et l'on a vu au 17 mai le triste spectacle de la coalition de M. Clémenceau, de M. Rouvier et de la Droite unis, sous prétexte d'économies, pour renverser un ministère coupable de renfermer dans son sein un Général patriote, aimé du pays.

Vous savez le reste. Vous connaissez les actes de Ferron, l'espionnage organisé contre le Général, la campagne de calomnies entreprise contre lui, l'affaire Caffarel montée dans l'espérance de l'atteindre et de le déshonorer et atteignant Wilson dans son honneur et Grévy dans sa fonction ; puis la mise en disponibilité, et enfin l'exclusion de l'armée par M. Tirard.

Tous ces actes étaient injustes, étaient indignes, et la France qui se passionne toujours pour ce qui est juste, la France que l'iniquité révolte, s'est passionnée d'autant plus pour le Général qu'il était plus odieusement frappé. De là les élections protestataires de l'Aisne, de la Dordogne et du Nord.

C'est à ce moment que le Général, rentré dans la vie civile, libre de ses actes, devenu homme politique, a lancé son défi au Parlementarisme et a pris pour programme ces mots : *Dissolution et Revision*, mais *Revision républicaine*.

Cette popularité du général Boulanger n'est pas mon œuvre. Elle est en partie le résultat de ses propres mérites, en partie celui des fautes de ses adversaires. Mais je me suis réjoui de la voir naître et se développer, quand j'ai vu le Général la mettre au service de cette idée de la revision anti-parlementaire que je considère comme le seul moyen de salut, de grandeur, de force, pour la République et pour la France. (Cris : *Vive Boulanger ! Vive Naquet !*)

J'ai pensé que le Général serait pour la revision et, par elle, pour la consolidation de la République, ce que Gambetta avait été pour sa fondation.

Je me suis dit que désormais l'idée anti-parlementaire étant incarnée dans un homme populaire pour qui les masses moyennes jusques là hésitantes sont décidées à voter quoiqu'il advienne, nous avions un moyen infaillible d'assurer le triomphe du parti républicain et du parti revisionniste, en nous faisant remorquer par le Général aujourd'hui, comme la masse de notre parti s'était fait remorquer par Gambetta de 1871 à 1878.

Je voyais bien encore le mal qui ronge la République. Je voyais bien le même remède : la revision. Mais ce remède n'était plus hors de la portée de ma main. Le Général l'avait rapproché de moi, je veux dire de nous, du parti radical, et il ne tenait qu'à nous de nous saisir de la fiole et d'en absorber le contenu.

C'est parce que j'ai vu cela ; c'est parce que j'ai compris tout de suite le parti que l'on pouvait tirer de l'enthousiasme des masses pour le Général en vue d'idées qui me sont chères ; c'est pour cela que je suis allé au Parti Républicain National et que je suis entré au Comité de la rue de Sèze. (*Bravo ! bravo ! applaudissements prolongés.*)

Malheureusement, le Parlementarisme a fait son œuvre. Les rancunes individuelles sont venues se mettre à la traverse, et, les fonds secrets aidant, d'anciens radicaux étroitement unis aux opportunistes par cette œuvre malsaine, ont mis leurs mains dans les mains de M. J. Ferry...

Oui ! Ils ont mis leurs mains dans les mains de M. J. Ferry, et ils ont commencé une campagne féroce contre le Général qu'ils ont présenté aux populations comme un aspirant à la dictature, comme un Bonaparte en herbe, comme un Empereur en formation.

Les populations républicaines de France ont horreur, justement horreur, du Césarisme, et une partie d'entre elles, devant les accusations portées contre le Général et ses amis par des chefs de file en qui elles avaient confiance, se sont détournées du mouvement dans lequel elles s'étaient engagées dès l'abord.

Un tel recul, qui n'entraînait que de bons républicains, et qui laissait intacte la popularité du Général parmi les électeurs sans opinion tranchée, présentait un danger que je vous signalerai en répondant aux objections qui nous sont faites.

Les objections au Boulangisme

Ces objections sont diverses et je vous demande la permission de les prendre une à une pour vous en montrer l'inanité.

D'abord, on attaque le Général dans sa personne, on rappelle ses lettres au duc d'Aumale, on parle de processions qu'il aurait suivies à Belley, on rappelle qu'il a servi dans l'armée de Versailles en 1871, on le dépeint comme un clérical.

Puis on affirme, sans preuves bien entendu, qu'il vise à la dictature.

On l'attaque enfin sur ses prétendues alliances avec les conservateurs. « Les conservateurs votent pour vous, lui dit-on ; Thiébaud, Lenglé sont à côté de vous ; Cassagnac, Mackau vous soutiennent ; Comment pourrions-nous vous soutenir aussi, nous républicains ? »

Voilà les objections : je les ai pesées, aucune d'elles ne m'effraie, et je suis convaincu qu'elles ne vous effraieront pas d'avantage lorsque je les aurai discutées devant vous.

D'abord la personnalité du Général n'est pas en cause, et je pourrais me dispenser de répondre aux attaques dont elle est l'objet, je vous le démontrerai tout-à-l'heure. Mais le Général est mon ami, et j'ai à cœur, moi qui l'ai vu à l'œuvre au ministère de la Guerre, moi qui connais son dévouement à la Patrie et à la République, j'ai à cœur, quoique je n'en aie aucun besoin pour ma thèse, de le venger des attaques injustes dont il est l'objet.

On parle de ses lettres au duc d'Aumale, mais on oublie que le duc d'Aumale était son chef, que comme tel, lui seul était chargé de faire valoir ses titres à la Commission de classement, et que si le Général a du s'adresser à lui, la faute n'en est point à lui qui subissait le chef qu'on lui avait donné, mais aux opportunistes qui avaient commis la faute lourde de donner un commandement à un prince.

D'ailleurs, la publication de ces fameuses lettres est de 1886. M. le Général Boulanger n'est tombé du ministère qu'en 1887. Jusques-là tous les radicaux l'ont soutenu, malgré ces lettres qu'on exhume aujourd'hui contre lui, et qu'on ne trouvait même pas dignes, lorsqu'elles furent connues, de fixer l'attention une minute.

Il n'est pas possible qu'un acte demeuré innocent de 1886 à 1887, soit devenu tout-à-coup criminel après 1887 pour les besoins de la cause, et j'attendrai avant de le discuter plus avant que M. Clémenceau et ses amis se mettent d'accord avec eux-mêmes. J'attendrai que M. Pelletan m'explique comment il en est venu à flétrir aujourd'hui l'homme qu'il défendait en 1886 contre des accusations fondées sur le même acte.

Que dirais-je des processions de Belley ?

J'ai là, à côté de moi, mon excellent ami Saint-Martin, député de Vaucluse.

Il y a six ou sept ans, Saint-Martin déposa une proposition de loi en vue d'assurer le respect de la liberté de conscience dans l'armée.

Cette proposition n'est pas devenue loi, mais uniquement parce qu'elle a, dans l'intervalle, reçu pleine et entière satisfaction par voie de décret.

Grâce à mon ami, grâce au décret que sa proposition a provoqué, aucun militaire aujourd'hui ne peut plus être contraint de participer à des cérémonies religieuses auxquelles sa conscience répugnerait.

Mais jusques à sa proposition de loi et au décret dont je parle, il en allait autrement. Les militaires recevaient l'ordre d'assister à certaines cérémonies religieuses, de suivre les processions notamment, et sous peine de désobéissance, ils étaient contraints d'exécuter l'ordre reçu.

Je ne sais pas si jamais le général Boulanger a suivi des processions à Belley. Ce que je sais c'est que, s'il l'a fait, il l'a fait pour obéir à l'ordre qu'il en avait reçu, et que s'il ne l'avait pas fait il aurait été le soldat indiscipliné que ses ennemis l'accusent d'être.

J'en dirai autant de son attitude en 1871.

En 1871 le colonel Boulanger a obéi aux ordres qu'il recevait. Il n'y a eu de responsables des massacres de Paris que ceux qui étant au gouvernement, dictaient les ordres, ou ceux qui les ont dépassés.

Le général Boulanger n'était pas au gouvernement, et s'il s'est bravement conduit à cette époque comme toujours, il s'est tenu dans la limite correcte de ce que lui commandaient à la fois et la discipline et l'humanité ; Il n'y a donc rien encore à lui reprocher de ce chef.

Mais pourquoi m'attarder à refuter ces accusations grotesques et odieuses, dont vous connaissez comme moi la nature calomnieuse et venimeuse? (*Oui ! oui ! Vive Boulanger !*)

M. Naquet. — Je préfère aborder tout de suite l'objection politique. On nous oppose Thiébaud, Lenglé, les bonapartistes. On nous oppose l'appui que nous donnent les conservateurs.

Permettez-moi, messieurs, d'établir ici une dictinction.

Il y a bonapartistes et bonapartistes comme il y a fagots et fagots.

Parmi les anciens bonapartistes, parmi les hommes qui, n'ayant pas participé au crime de décembre, ont trouvé l'Empire sur leur chemin, l'ont servi, ont cru en lui, il en est qui sont à cette heure loyalement ralliés à la République.

Démocrates, anti-cléricaux, les bonapartistes dont je parle ont fini par reconnaître que l'hérédité impériale était un non-sens, et ils sont devenus républicains, non pas parlementaires — ils haïssent le Parlementarisme comme nous le haïssons, — mais républicains. Lenglé, Thiébaud sont de ceux-là. Pensez-vous que quand ils viennent à nous, nous devions les repousser ?

Pour ne parler que de M. Lenglé : voilà un homme qui, fils d'un préfet de l'Empire, nommé lui-même à 25 ans sous-préfet du même gouvernement, est élu plus tard député en qualité de bonapartiste, par les conservateurs de Saint-Gaudens.

Mais il est libéral, il est démocrate, il est anti-clérical, et lorsque se posent les questions du divorce et du service des séminaristes, il vote avec nous, s'aliène une partie de ses électeurs et perd son mandat ou plus exactement le sacrifie à ses convictions.

Depuis lors, M. Lenglé a fait un journal dans lequel il a pris énergiquement la défense de la République. Aux élections de 1885 il a attaqué avec une extrême vigueur l'union conservatrice. Depuis lors, soit dans la feuille qu'il dirige, soit dans les réunions qu'il organise, il n'a cessé de suivre la même voie.

Estimez-vous que nous devions le récompenser de son énergie, de son courage, de ses efforts, en lui disant : racca ?

Devons-nous répondre aux hommes qui viennent à nous, que la République est notre propriété, notre domaine, que nous la clôturons, que nous l'entourons de palissades pour en défendre l'entrée, que nous n'y admettons pas les profanes ?

Messieurs, vous avez un sentiment trop profond et trop haut des devoirs qui nous incombent pour ne pas flétrir comme moi une pareille politique d'exclusivisme que repoussent à la fois les traditions et les intérêts de notre parti.

Au Plébiscite de 1870, nous étions 1.400,000 républicains. Nous étions quatre millions et demi aux élections de 1885. Nous avons pris quelque part, parmi nos adversaires de la veille, les 3.600,000 électeurs qui font la différence. Si nous les avions repoussés, où en serions-nous ?

D'ailleurs, messieurs, qui de vous pourrait considérer comme un bien l'état d'antagonisme qui existe dans notre pays sur la forme du Gouvernement ?

Depuis la Révolution française, la France n'a plus connu de Gouvernement vraiment national,... j'entends par là de Gouvernement accepté de tous dans sa forme, et sur le terrain duquel se livrent les luttes des partis, sans que la forme en soit jamais contestée.

Tandis que les Etats-Unis et la Suisse ont cette unité dans la République; tandis que d'autres Etats, l'Angleterre, la Russie, l'Allemagne, l'ont dans la monarchie; tandis que cette unité fait leur puissance et leur force; nous, nous n'avons eu, depuis 1789, que des Gouvernements de partis, toujours contestés par une fraction considérable du pays.

C'est là une grande cause d'affaiblissement. Tous les patriotes doivent avoir à cœur de la faire cesser, en faisant enfin de la République un Gouvernement accepté de tous, en dehors duquel ne demeurent que quelques états-majors sans soldats. (*Oui ! oui ! vive la République !*)

Si au bienfait de donner la liberté à la France, la République ajoute celui d'avoir réconcilié autour d'un même drapeau tous les enfants de la France, la République aura deux fois bien mérité du pays.

Voilà pourquoi lorsque des hommes tels que Lenglé et Thiébaud viennent à nous, je ne les repousse pas ; voilà pourquoi le général Boulanger leur dit: « Entrez! la République est ouverte. »

Ce que fait le général Boulanger, Gambetta l'avait essayé avant lui.

Je me rappelle être entré dans son cabinet au Palais Bourbon en 1881, au lendemain des élections générales. C'étaient les plus belles élections que la République ait eues à son actif. Les conservateurs à la Chambre avaient été réduits au nombre de soixante-dix ou quatre-vingts.

Je trouvai Gambetta penché sur des statistiques :

« Je suis soucieux, me dit-il. Nous semblons avoir une admirable majorité. Il faut en rabattre. Beaucoup de députés n'ont été élus qu'à une majorité infime, 25, 30 voix, et si l'on fait la somme des voix républicaines et des voix conservatrices dans toute la France, on arrive au chiffre de 1100,000 comme représentant l'excédent des premières sur les secondes.

« Notre majorité plébiscitaire n'est que de 1100,000 voix. C'est trop peu. Il est trop facile, sur une population électorale de près de 11,000,000 électeurs, de retourner 550,000 suffrages, ce qui suffirait pour nous mettre en minorité.

« Dans ces conditions, un gouvernement n'a pas d'assises solides. Il nous faut au moins les

7.000.000 de voix de l'Empire. Il nous faut gagner encore sur les conservateurs ! »

Et c'est alors, dominé par cette pensée, que Gambetta disait à M. Janvier de la Motte fils : « Venez siéger à gauche, apportez-moi votre contingent électoral dans le Maine-et-Loire et je vous défendrai de mon influence auprès des répulicains de ce département. »

Et c'est alors qu'il disait à M. Dugué de la Fauconnerie, qui acceptait : « Donnez votre démission de député et représentez-vous dans l'Orne comme candidat républicain. Je vous appuierai et vous couvrirai. »

Et c'est alors encore qu'il faisait des ouvertures à M. Robert Mittchel, en vue de le soutenir dans la Gironde s'il consentait à faire dans *Le Gaulois*, qu'il dirigeait, une politique républicaine.

Gambetta avait raison et s'il avait réussi dans cette patriotique tentative, le gouvernement républicain serait autrement fort qu'il ne l'est à cette heure.

Dans tous les cas, vous l'avez appuyé lorsqu'il a tenté cette œuvre, et il a eu la confiance des républicains, qui aujourd'hui, reprochent la même œuvre au général Boulanger.

J'ai le droit de demander à ces derniers pourquoi ce double poids et cette double mesure. J'ai le droit de leur demander en vertu de quel principe il faudrait qualifier crime chez le général Boulanger ce qui était grande vue politique chez Gambetta.

Quant à moi je n'ai qu'une mesure et qu'un poids, et ce que j'ai approuvé dans Gambetta, ce que j'ai approuvé chez M. Thiers lui-même, ralliant à la République les orléanistes du centre gauche, je ne saurais le désapprouver chez le Général. (*Bravo ! bravo ! longs applaudissements*). Car enfin, Messieurs, les Ribot, les Léon Say, les de Marcère, ce ne sont pas non plus des républicains de la veille. Vous avez accepté leur concours pour la création de la République ; pourquoi repousseriez-vous les concours qui s'offrent à nous aujourd'hui ?

Mais, dit-on, tous les anciens bonapartistes ne crient pas encore ouvertement : Vive la République !

Le plus grand nombre d'entre eux le crieront bientôt !

Tout ce qui n'est pas clérical dans le camp bonapartiste, tout ce qui n'est pas allé au solutionisme avec M. de Cassagnac, comprend que le rétablissement de l'Empire est impossible. Il y a des hommes de valeur derrière lesquels marchent au moins quinze cent mille soldats.

Ces hommes dénoncent chaque jour l'union conservatrice.

Ils ne s'affirment pas encore républicains. Ils sont retenus par un passé récent, par leur horreur sincère du Parlementarisme, par certaines attaches dont ils ne peuvent pas se dégager d'un seul coup.

Mais que la Constitution soit revisée, qu'elle soit ensuite plébiscitée, et ils la voteront, et cette Constitution leur servant de pont pour passer avec armes et bagages à la République, ils viendront à nous suivis de tous leurs soldats.

Ces hommes là sont les mêmes que Gambetta s'efforçait de conquérir en 1881. Aujourd'hui la chose est faite. Il n'y a plus qu'une question de forme. Les quinze cent mille électeurs que Gambetta voulait amener aux troupes républicaines, Boulanger les leur apporte.

Ces alliances là — je préférerais dire cette conquête, le mot serait plus exact — ce n'est pas vous certainement qui en ferez un crime au Général Boulanger. Vous sentez trop qu'il rend là le plus éclatant service que l'on ait pu rendre à notre cause depuis 1875.

Mais me direz-vous : « Si nous comprenons les conquêtes nous ne comprenons pas les compromissions. M. Lenglé, M. Thiébaud, M. Robert Mittchel lui même peuvent être des conquêtes, mais M. de Cassagnac, M. de Mackau, M. Arthur Mayer sont des compromissions. »

Voilà la véritable objection sérieuse qui nous est faite, la seule. J'ai hâte de l'aborder devant vous et de vous démontrer qu'elle se retourne contre ses auteurs. J'y trouve, pour ma part, l'argument le plus puissant en faveur de notre politique.

Et d'abord les ennemis de la République, comme toutes les oppositions se plaisent aux changements. Ils acclament la revision de même qu'à la Chambre ils sont toujours prêts à renverser tous les Cabinets.

M. Clémenceau, que je sache, ne s'est jamais arrêté dans ses attaques contre les divers Cabinets qu'il a contribué à renverser par cette considération que les voix de la Droite se confondraient avec les siennes. Il s'est dit que la Droite avait ses raisons pour agir comme elle le faisait, que lui de son côté avait les siennes, et, sans s'arrêter autrement à l'attitude de ses adversaires, mais en tenant compte de leurs suffrages et en les escomptant, il a été droit son chemin.

Ce qu'il a fait pour détruire, M. Rouvier l'a tenté pour édifier. Je ne le leur reproche ni aux uns ni aux autres. Mais pourquoi nous denient-ils un droit dont ils ont si largement usé ?

Vous voulez que je justifie cette conjonction momentanée entre deux armées ennemies un moment réunies dans une lutte commune. Je n'y ai aucune objection : Rochefort l'a fait magistralement et je n'éprouve aucun embarras à le refaire.

La Constitution de 1875 est un péril urgent pour la République et pour la Patrie. Je crois l'avoir irréfutablement établi. (*Voix diverses :* *Oui ! oui.*)

Si nous la conservons plus longtemps cette Constitution, les forces républicaines seront irrévocablement battues, et la Patrie sera compromise.

D'autre part il est impossible de la changer à moins qu'un courant formidable d'opinion n'y contraigne les corps constitués.

Ce courant sauveur, je cherche à le produire sans me préoccuper des éléments dont il se compose, pas plus que M. Clémenceau et M. Rouvier, à la Chambre, ne se sont occupés jamais des éléments qui constituaient les majorités pousuivies par eux.

C'est d'ailleurs ce qu'ont fait nos prédécesseurs dans la vie politique.

En 1875, lorsqu'il s'est agi de renverser l'Assemblée nationale, Gambetta ne s'est pas demandé si la Constitution, dont à ce moment il faisait un expédient de dissolution, était préparée par M. Buffet en vue de détruire la République. Peu lui importait.

Il savait fort bien que les Droites cherchaient à faire une Constitution qui leur servirait de pierre d'attente jusqu'au décès du comte de Chambord, et à laquelle il n'y aurait qu'un mot à changer pour en faire sortir la monarchie. Mais il ne se souciait pas du plan, des mobiles des Droites. Il voyait le danger du *statu quo*, il avait foi dans la France ; il mit sa main dans celle de M. Buffet.

A cette époque le parti républicain tout entier l'approuva, et les événements l'ont justifié.

En 1870, lorsque mes amis et moi avons forcé les portes du Palais Bourbon pour démolir l'Empire, des Orléanistes tels que M. Lambert-Ste-Croix aidaient à la révolution, y prenaient part, et M. Blavet, du *Figaro*, était à mon côté parmi les envahisseurs. Cela nous a-t-il fait reculer ? Nullement ! Nous avons chassé le corps législatif parce qu'il fallait d'abord démolir et que nous avions foi dans le peuple de Paris pour reconstruire. Ce qui a suivi a prouvé que nous avions vu juste.

En 1848, est-ce que nos pères ont déserté les barricades parce que des Légitimistes et des Bonapartistes y faisaient le coup de feu à côté d'eux ? Ils s'en sont bien gardés. Ils ont accepté tous les concours pour la lutte, et c'est finalement la République qui a été proclamée.

La situation aujourd'hui est analogue. Il faut briser un régime qui nous épuise et nous tue. Il faut provoquer la convocation d'une Constituante, et tous les concours sont bons qui nous amènent à ce résultat.

Cette Constituante, quand le moment sera venu de l'élire, nous verrons bien qui se trompe de ceux qui espèrent en faire sortir une Monarchie quelconque ou de ceux qui croient en voir sortir une République consolidée et grandie.

Pour moi, j'ai foi que ce jour là toutes les hésitations, toutes les désaffections dues au Parlementarisme disparaîtront emportées par la grandeur de la lutte, et que la Constituante aura une de ces majorités républicaines comme nous n'en avons pas encore vu depuis 1870.(*Oui ! oui ! bravo ! bravo !*)

M. *Naquet*. — Voilà pourquoi je m'inquiète peu de ce que font M. de Cassagnac, M. de Makau, M. de Mirepoix ou tout autre. J'ajoute qu'au fond si les parlementaires agitent le spectre conservateur pour détourner de nous d'excellents républicains, en l'agitant, ils n'y croient pas eux-mêmes.

Il suffit de lire un peu assidûment *le Temps* pour s'en convaincre. Il n'y a pas de jour où il n'avertisse les royalistes de l'erreur qu'ils commettent en se laissant aller au mouvement Boulangiste ; il n'y a pas de jour où il ne les prévienne que s'ils donnent de la force à ce mouvement, ils seront emportés par lui comme un fétu de paille.

Sur ce point je suis d'accord avec *le Temps*, avec *la Gazette de France* qui, elle aussi, s'effraie du Boulangisme pour le parti conservateur, et c'est parce que je suis de l'avis du *Temps* et de la *Gazette* que les appels de M. Arthur Meyer ou de l'*Autorité* ne m'effraient pas.

Voilà, je crois, qui est déjà très-clair, mais il y a plus, messieurs. Si même M. Arthur Meyer et M. de Mirepoix voyaient juste, ce ne serait pas une raison de nous détourner du général Boulanger. Ce sur quoi ces messieurs comptent le plus, c'est sur l'attitude actuelle des vieux chefs républicains, et nous ferions leur jeu, le jeu de la réaction, si nous suivions les conseils de la coalition parlementaire.

Messieurs, suivez bien ce raisonnement, je vous prie.

Vos ennemis ne sont pas plus sots que vous. Ce sont des politiques avisés et habiles.

Ils se trouvent en présence d'une popularité qui s'est créée, qu'ils n'ont pas contribué à faire naître, qu'ils ont même violemment combattue dans ses débuts, mais qui existe.

Cette popularité, en effet, existe. C'est un fait indéniable ; qu'on le déplore ou qu'on s'en félicite, cela est.

Ils voient que si elle existe, elle a cependant été légèrement entamée dans les masses républicaines — sans y être détruite, heureusement pour nous ! — par les rancunes de M. Floquet, de M. Ferry et de M. Clémenceau. Mais ils voient aussi qu'elle n'a été en rien diminuée parmi ces électeurs flottants, sans opinion dogmatique dont je vous ai déjà entretenu, et qui disposent des élections, parce que du côté où ils iront ils feront pencher la balance.

Les monarchistes se disent que ces masses veulent voter et voteront quand même, quoi qu'on dise et fasse, pour le général Boulanger, et que, dès lors, le parti qui aura le général Boulanger pour remorqueur sera le parti triomphant.

Ils voient le parti républicain officiel assez sot, assez dénué de désintéressement pour rejeter cette force, qui est à lui puisque le Général n'a jamais cessé de crier : « Vive la République ! » et ils se demandent si le parti républicain faisant fi du remorqueur puissant qui s'offre à lui, eux, monarchistes, ne pourraient pas s'en servir.

Ils se souviennent de 1871, de la partie qu'ils ont gagnée grâce au prestige de M. Thiers, et ils veulent refaire à cette heure ce qui leur a si bien réussi alors.

M. Thiers n'était pas un ennemi de la République. Il l'a prouvé en nous aidant à l'établir.

Mis en 1871 en tête des listes républicaines, il aurait fait passer celles-ci partout, et nous n'aurions pas été pendant cinq ans sous la menace perpétuelle de la Guerre Civile.

Les républicains — et j'étais alors du nombre — qui se méfiaient de lui, le repoussèrent ; la réaction s'en empara, se fit porter par lui, et les listes conservatrices élues grâce à lui dans 30 départements firent de l'Assemblée de Bordeaux et de Versailles le centre clérical et réactionnaire dont vous vous souvenez. M. Thiers ne leur appartint pas pour cela ; mais quand ils furent les maîtres, ils n'eurent pas de peine à se débarrasser de lui.

Ce qu'ils ont fait alors avec M. Thiers, les ennemis de la République essaient de le refaire avec le général Boulanger.

Ils s'efforcent d'abord d'augmenter les craintes que les parlementaires ont semées parmi vous. Si nous crions : Vive Boulanger, pensent-ils, les républicains achèveront de s'écarter de lui, et pour atteindre ce but désiré, ils crient à tue-tête : Vive Boulanger !

Supposons qu'ils réussissent dans leurs calcul et que le gros de notre parti se sépare du Général, qu'adviendra-t-il aux élections de 1889 ?

Les conservateurs mettront partout le Général en tête de leurs listes. Le général Boulanger protestera en affirmant chaque jour ses sentiments républicains, mais les chefs républicains travaillent à rendre ses protestations impuissantes.

« Il est avec nous, disent habilement les

monarchistes aux électeurs flottants ; ne croyez pas en ses affirmations républicaines ; elles ne sont pas sincères. »

Nous n'aurions qu'à répondre tous unis :

« Les monarchistes mentent : le Général est républicain. »

La parole du Général concordant avec nos affirmations propres, les masses flottantes seraient convaincues ; elles ne douteraient pas une minute qu'il ne fût avec nous et comme elles veulent voter pour le Général, elles voteraient pour nous, notre triomphe serait complet, absolu.

Au lieu de cela, M. Ranc, M. Ferry, M. Strauss, M. Clémenceau, M. Maret, préfèrent faire chorus avec les monarchistes. Ils répètent chaque jour que le Général est de mauvaise foi, qu'il vise à la dictature, qu'il veut détruire la République, qu'il est l'homme des conservateurs.

Que croyez-vous que fassent les masses indécises ?

La solution de la question n'est pas douteuse.

Si le parti républicain suit ses anciens chefs au lieu de nous suivre nous, les électeurs flottants entendant la même affirmation venir des deux côtés opposés y croiront, et, voulant voter envers et contre tous pour le Général, ils voteront pour les listes que les républicains eux-mêmes leur auront désignés comme ses listes. Ils voteront pour la réaction.

Nous avons en main un atout qui peut nous assurer un succès formidable. Les chefs de notre parti préfèrent le livrer à nos ennemis. Ils me produisent l'effet d'un joueur d'écarté qui, ayant le roi, le passerait à son adversaire. C'est à faire pitié ! (*Applaudissements nourris !*)

Et remarquez que lorsqu'on lit les journaux de la coalition, lorsqu'on parle avec ses chefs, avec M. Maret je suppose, ceux-ci reconnaissent bien vite que leurs efforts sont impuissants à rien enrayer.

Si encore ils croyaient pouvoir vaincre le Général, leur tactique s'expliquerait.

Certes ! ils feraient une faute lourde, car ils se priveraient de la seule force qui puisse nous permettre de sortir de l'impasse de la Constitution de 1875 ; mais au moins cette force, en refusant de s'en servir, ne la livreraient-ils pas à l'opposition.

Mais non ! ils se savent sûrs de la défaite, alors qu'il dépend d'eux d'avoir la victoire, et c'est sciemment pour la défaite qu'ils optent. Je ne sais de quel nom cette politique peut être qualifiée.

Ils ajoutent qu'ils n'ont pas confiance dans le Général.

Moi, messieurs, j'ai confiance en lui, une confiance absolue dans son patriotisme, dans son dévouement aux institutions républicaines.

Je reconnais toutefois, que c'est là affaire de sentiment et que le sentiment ne se démontre pas.

Mais supposez — une hypothèse pure ! — que les craintes que l'on manifeste, fussent justifiées, que le Général fût animé de mauvais desseins. Supposez cela pour une minute.

Quand serait-il plus dangereux ? répondez !

Entouré de 500 républicains qui l'aideraient à bien faire, et qui le retiendraient s'il voulait mal agir ?

Ou bien entouré de 500 réactionnaires qui s'efforceraient de le sacrifier, comme ils ont jadis sacrifié M. Thiers, s'il voulait agir dans l'intérêt de la République, et qui, au contraire, s'il avait des desseins coupables, lui prêteraient leur concours ?

Or personne ne peut arrêter le courant boulangiste. La seule chose qui soit en notre pouvoir est d'opter entre le Général arrivant escorté, malgré lui, de cinq cents réactionnaires, et le Général arrivant escorté, ainsi qu'il le désire, de cinq cents républicains.

M. Ranc, M. Clémenceau, M. Floquet, optent pour qu'il arrive avec des réactionnaires.

J'opte pour qu'il arrive avec des républicains.

Si un péril existe ce sont les seuls anti-boulangistes qui le font naître. Si nous n'étions pas là, si nous marchions à leurs côtés, le péril serait sans remède.

Heureusement que nous veillons, et que, grâce à l'intelligence et au patriotisme des populations républicaines de France, la phalange des républicains qui entourent le Général empêchera le mal, que dans leur haine aveugle, ses ennemis font à la République. (*Bravo ! bravo ! applaudissements frénétiques !*)

Messieurs, quelques considérations encore et j'aurai terminé. Ce discours déjà bien long, et aussi fatigant à écouter qu'il l'est à prononcer (*non ! non ! parlez ! parlez !*)

On me dit quelquefois : Vous êtes quinze et tous les chefs du parti républicain sont dans l'autre camp. La présomption de la vérité est du côté du nombre.

Messieurs, sous l'Empire, M. Rouher ne tenait pas d'autre raisonnement.

« Les républicains sont cinq au corps législatif, disait-il ; les impérialistes sont la presque unanimité. C'est eux qu'il faut suivre : la présomption de vérité est du côté des gros bataillons. »

La vérité était du côté des cinq et ce n'est pas la première fois que cela se voit dans l'histoire.

Que dis-je ? Toute idée nouvelle a commencé par un homme ou par un petit groupe d'hommes, et il n'est pas de vérité qui, avant de conquérir le monde, n'ait eu la majorité contre soi.

Donc le nombre ne prouve rien.

Il me reste, messieurs, un dernier mot à vous dire, et je vous demande la permission que ce soit un mot personnel.

Les ennemis du Général nous insultent, nous vilipendent, nous accusent d'avoir trahi nos principes et nos idées.

Messieurs, qu'est-ce qui aurait donc pu me porter à aller au Général, si l'intérêt du pays ne m'y avait entraîné ?

Ma santé est mauvaise et une campagne de discours et de conférences comme celle que j'ai du entreprendre la compromet gravement.

Dans Vaucluse, avant ce qu'on est convenu d'appeler le Boulangisme — terme que je combats, parce que si je lutte à côté d'un chef respecté, je n'en suis pas pour cela le serviteur d'un homme, mais le serviteur d'une idée. — (*Bravo ! bravo ! Vifs applaudissements !*) ; — dans Vaucluse, avant le Boulangisme, ma situation était des plus enviables. J'étais aimé de toutes les fractions du parti républicain qui, je pourrais presque le dire, étaient réconciliées en moi. Que ce fût au Cercle opportuniste, au Cercle radical ou au Cercle socialiste, partout j'étais accueilli avec effusion.

Je comptais dans tous des amis intimes, et ma réélection en 1891 n'aurait même pas été contestée.

J'ai compromis ma santé ; j'ai brisé avec de vieilles amitiés qui m'étaient chères ; je me suis lancé de nouveau dans la lutte alors que j'avais acquis quelque droit au repos ; j'ai rendu ma réélection douteuse.

Pourquoi l'aurais-je fait si je n'avais pas considéré comme un devoir de le faire, et si je n'avais pas tout sacrifié à ce devoir ?

Mes ennemis ont prétendu que le dépit de

n'avoir pas un portefeuille m'avait seul poussé dans la voie où je me suis engagé.

Messieurs, est-ce devant vous qui me connaissez depuis de si longues années que je puis avoir à me défendre contre de telles ignominies? (*Non ! non ! Vive Naquet !*)

Un Ministère ! Si j'en avais voulu un, si j'avais été capable de sacrifier mes convictions à l'appat d'un portefeuille, je n'aurais eu qu'à accepter celui que m'offrait M. Rouvier en 1887.

Je l'ai refusé alors. Ce n'est pas pour commettre une infamie aujourd'hui, infâmie qui, si les calomnies de mes adversaires étaient justifiées, serait mille fois plus grande.

Messieurs,

J'ai 54 ans, une santé mauvaise et plus de 30 ans de luttes à mon actif, luttes toujours dirigées vers le même but : le triomphe de la République.

Sous l'Empire j'ai perdu ma position, j'ai subi la prison et l'exil pour mes idées.

A cette heure je suis déjà sinon au déclin, du moins sur le second versant de la vie. Je suis arrivé à ce moment où d'autres songent légitimement à se reposer, et où hier, avant que m'apparût le devoir qui s'est dressé devant moi, j'y pensais moi-même.

Qui pourrait croire qu'à cet instant de mon existence je veuille briser avec un passé qui fait mon honneur, que je veuille fouler aux pieds les principes que j'ai toujours défendus, et que j'aspire à terminer ma carrière en me déshonorant! (Non! non! Vive Naquet!)

Non messieurs! si je suis aux côtés du Général c'est que je suis convaincu que là est l'intérêt suprême de la Patrie et de la République.

Je puis me tromper. Nul n'est infaillible. Mais j'ai la foi profonde que je ne me trompe pas.

Cette foi, elle n'est point aveugle. Elle s'appuie sur des raisons, et ces raisons je vous les ai fait connaître.

Entre elles et les phrases sonores et vides de nos adversaires, vous jugerez. Mais en tout état de cause, je sais que si même vous donnez raison à mes adversaires, vous n'en conserverez pas moins une confiance absolue à laquelle j'ai droit dans ma sincérité républicaine.

J'ai fini, Messieurs, je vous remercie de la bienveillante attention que vous avez bien voulu me prêter, et je vous demande de terminer ce discours par le cri qui est dans tous nos cœurs et qui doit sortir de toutes nos poitrines :

VIVE LA RÉPUBLIQUE !

(*Vive la République ! Bravos et applaudissements nourris et répétés ! Vive Boulanger ! Vive Naquet ! Vive Saint-Martin !* — *de tous les points de la salle on se lève pour venir serrer les mains de l'orateur.*)

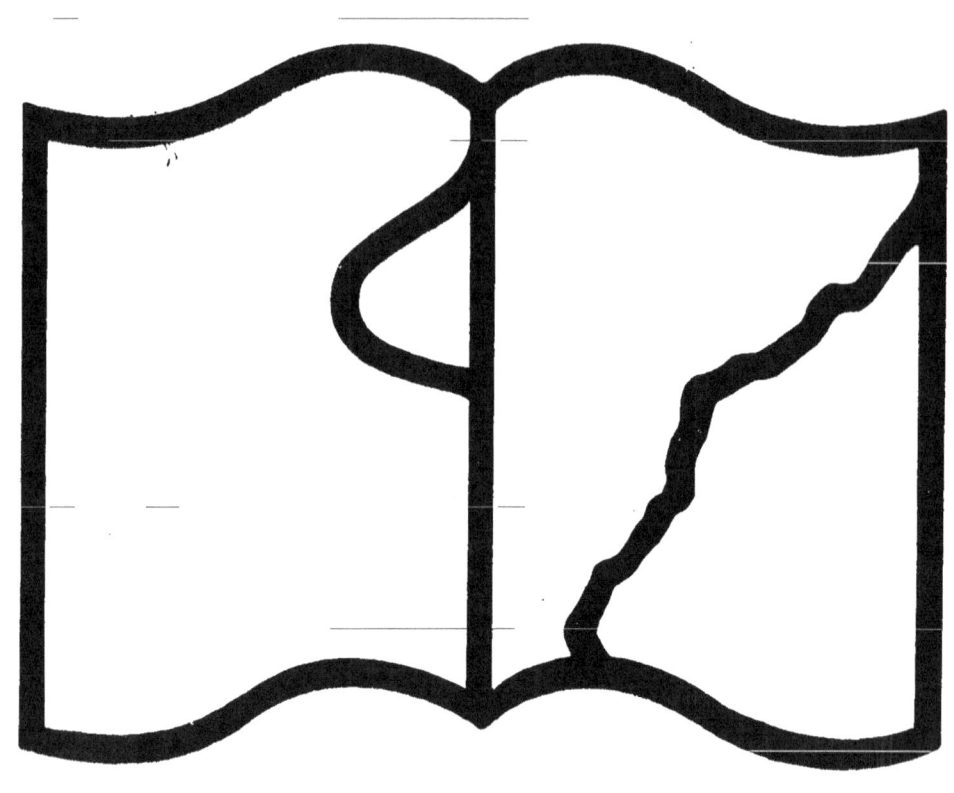

Texte détérioré — reliure défectueuse
NF Z 43-120-11

www.ingramcontent.com/pod-product-compliance
Lightning Source LLC
LaVergne TN
LVHW050626090426
835512LV00007B/699